はじめ
Hajime

33歳で
手取り22万円の僕が

1億円を貯められた理由

新潮社

社会人1年目の給与明細

給 与 明 細 書

グレード	出勤	有・特	欠勤	公・病	有給残	遅刻・早退	早出残業時間	休出時間
能力 G：2級	23 日	日	日	日	12 日	180 分	日	日

支給日	所属	コード	氏名
07.11.22	大阪営業 課		井上 殿

支給額

習熟給	職能給	役割給	基本給	住宅等補給金	家族手当	現物手当	通勤手当	職系手当	総支給額
106500	91500		198000			13800	24600	20000	256400
その他手当	休出早出残業	欠勤遅早控除(−)	その他(±)						

控除額

雇用保険	健康保険	厚生年金保険	非課税通勤手当	課税対象額	所得税	住民税	現物手当差引	家賃・食費	控除額合計
1538	8880	17995	24600	203387	4790		13800	11000	61573

労組費	貯蓄	返済	生命保険	損害保険	控除(±)	差引支給額
3570						194827

株式会社

社会人11年目の給与明細

給与明細

2017年11月24日　　井上　様

勤怠			

支払者
株式会社

支給			
基本給	170,000		
みなし残業代	80,000		
スキル手	5,000		
課税支給額	255,000		
通勤手当	3,103		
非課税合計額	3,103		
		支給額合計	258,103

控除			
健康保険料	12,883		
厚生年金保険	23,790		
雇用保険料	774		
社保合計額	37,447		
所得税	5,410		
互助会費	300		
		控除額合計	43,157

差引支給額	214,946

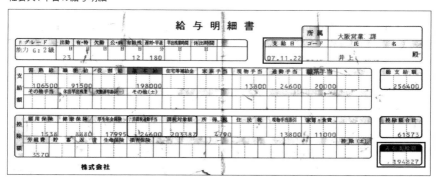

はじめに

突然ですが、Ｐ１の２枚の給与明細を見てください。

２００７年11月と２０１７年11月、僕の社会人１年目とその10年後の給与明細です。社会人として10年が経過した33歳の時点で、僕の給料は手取り22万円以下でした。

でもそんな僕の資産はもうすぐ１億円を突破しようとしています。

大学時代の人生最大の発見によって、毎月１回10分だけあることを続けたり、ある節約を猛烈に頑張ることで今や億万長者の仲間入りに手が届くところまできているのです。

そう。これは33歳、手取り22万円以下のサラリーマンが、１億円というお金を貯めるまでのストーリーとその具体的な方法を書いた本なのです。

ほんのちょっとの共感と一歩を踏み出す勇気さえ持っていただければ、誰でも真似ができて、再現性があって、「誰が」「いつ」始めても、同じように「お金が自然と増えていくこと」を体感できると思っています。

だから、本書で紹介するお金の増やし方は、一部の限られた人しか成功できないような、「株のデイトレードで１００万円を1億円にする」とか、「ＦＸで」、「仮想通貨で」、「YouTubeで」といった類の話ではありません。

もしタイトルを見て、そんな期待をもって本書を手に取られたのであれば、残念ながらその期待に応えることはできません。

そうは言っても手取り22万円で1億円……。

いきなりで怪しい気もするので、僕のことを少し紹介させてください。

僕は東京の真ん中、丸の内にある未上場の会社に勤めるサラリーマンです。

月の手取りは22万円で、26歳の時に結婚して、子どもはいません。妻は嘱託勤務で働いてくれていますが、僕の給与収入が家計の柱になっています。

29歳の時に一度転職を経験していますが、給料の差引支給額は22万円以下。つまり

「手取りが22万円以下」ということです。

自慢ではありませんが、毎日、一生懸命仕事をして、1ヶ月分の対価として得ているこの20万円前後のお金が僕の「稼ぐ力」です。

この10年間、給与額は大きく変わることはなく、ずっと20万円前後で推移し続けています。

ちなみに同い年で嘱託勤務として働く妻も、10年間、ほとんど給料は変わらず、月の手取りは16万円くらいです。僕たち夫婦の稼ぐ力は世間一般と比べて決して高くはないでしょう。

僕は意識低い系ダメリーマンなのか？

でも、僕は大学生の頃からこんな未来をなんとなく予測していました。

普通の家庭に生まれて、高校までは地元の公立校に通い、大学は推薦で入った日本で一番卒業生が多いマンモス大学。奨学金を借りずに大学に行けたことは親に感謝していますが、実家はごく平凡な中流階級だったと思います（頑張って育ててくれた父さん、母さん、こんな表現をしてごめんなさい）。

テストや学校の成績もまぁ普通、最後に受けたTOEICのテストは350点、大学3年で就職活動をスタートした時、履歴書の特技・資格欄には「普通自動車運転免許」としか書くことができない、取り立ててアピールできることもない、そんな平凡な学生だったと思います。そんな僕なので、苦労して大阪にある未上場の食品会社に内定をもらった時は、すごく嬉しかったのですが、同時に、

「僕はおそらく、出世とは縁遠いサラリーマン人生を歩むだろうな」

という予感がしていました。

そして現在、社会人生活10年以上が経って、その予感は当たり、出世街道とは無縁の世界にいます。しかし、勘違いしてほしくないのは、僕は仕事を手抜きしているわけでもなく、僕なりに一生懸命に頑張ってもこの程度ということです。

もちろん、サービス残業だってしてしまいますし、業務に必要なことなら自宅に仕事を持ち帰ったりもします。

しかし、会社という組織の中で、本気で出世を目指したり、給料をあげようとしている人を見ていると、やはり自分は違うとも思えてきます。

・会社の会議やミーティングの中で積極的に発言することが苦手

・職場の上司や同僚とコミュニケーションを取るための会社の飲み会では、早く帰り

たいと思ってしまう

・仕事とプライベートはしっかり分けてプライベートを充実させたい

・30歳を過ぎて中堅社員の年齢になっても、出世した上司や他の部署の先輩社員を見ていると、誰かの上に立つのは大変そうだからやりたくない

営業をしていた時の上司から「営業マンとしてのバイブルにしなさい」と言われて渡された「交渉術のビジネス書」よりも、「友情・努力・勝利」のバイブルである『ONE PIECE』を愛読している自分がいます。

新入社員の頃、「社会人なら、NHKのニュースくらい見なさい」と言われても、アニメ『進撃の巨人』かスポーツ番組の『サンデースポーツ』くらいしかNHKを見ようと思えません。

客観的に見れば、年功序列の公務員や大企業に勤めているわけでもなく、出世街道を歩いてるわけでもなく、給料を増やすために本当に必要なアクションを取れていない僕の給料が社会人1年目の時からたいして増えていないのは必然だとも思います。

そして、能力が平凡な僕は仕事の処理も遅いので、早く帰れるわけもありません。仕事がなかなか終わらず、終電で帰ったり、休日出勤ばかりしていた頃に、

「ほんとに甲斐性ないよね（笑）」

と妻から言われても、「まぁ客観的に見たらそうかも」と思ってしまうのは、僕が意識低い系ダメリーマンだからだと思います。

なぜ、どこにでもいるダメリーマンが1億円を貯められたのか?

しかし、こんな風に学生時代から出世を諦めていたダメリーマンでも、もうすぐ1億円を貯めて、お金に縛られない自由な人生を歩もうとしています。

僕は、ただ1億円を貯めたという自慢話をしたくてこの本を書いたわけではありません(手取り22万円という収入も、資産1億円も、どちらかというと表に出したくない情報です……)。

本書は僕の半生を振り返る自伝のようなものなのですが、

「お金を稼ぐ力がなくても、そして、際立った投資のセンスがなくてもお金を増やすことができる!」

この事実を多くの人に知ってもらいたかったから、2018年にcakesというウェブメディアで連載を始め、そして、多くのご好評をいただいた結果、このような書籍になりました。

本書ではお金の増やし方についての僕の人生最大の発見をお伝えしています。

そして、その方法を実践する決意をしてからの10年間、僕のお金がどのように増えていったかも包み隠さず公開します。

この本の中では、僕がお金を増やした方法をそっくりそのまま真似することができるようにも書いてみたつもりです。

「いつかお金があったら叶えたい夢がある」

「お金を増やしたいけど、まず何をすればいいかわからない……」

僕と同じように給料が増えない人が、それを理由にして、結婚や出産、人生のやりたいことを諦めているのはすごくもったいないことだと思います。

本書をきっかけに人生の選択肢を増やすことができる人が一人でも増えるのであれば、僕が自分の半生を1冊の本にまとめる意味もあるのかな？　と思ったことが本書を書いた一番の動機です。

拙い文章ではありますが、最後までお付き合いいただければ幸いです。

33歳で手取り22万円の僕が1億円を貯められた理由

目次

第2章　僕は人生最大の発見をしてお金を増やした　49

第4章　億万長者になって具体的に変わったこと　185

装画・挿画　市村譲
装幀　新潮社装幀室

33歳で手取り22万円の僕が1億円を貯められた理由

第1章　半身不随から始まった僕の1億円への道

手取り22万円のサラリーマンの日常が変わった日

今でも夢に見る景色があります。

それは、真っ白い部屋の中にあるベッド、味気の無い天井、11インチのTVモニターとカーテンだけで仕切られた自分用の空間。

忘れもしない2012年の年末から約2ヶ月間、僕は病院のベッドで身動きの取れない生活を送っていました。

遅くまで残業した日の夜、最寄り駅からの帰り道で、自転車に乗っていたところ、僕は時速70㎞で走る車に跳ね飛ばされたのです。後でわかったことですが、僕の身体は事故現場から17mも離れたところに転がっていたらしく、乗っていた自転車は大破し、撥ねた車の窓ガラスも事故の衝撃で全て割れていたそうです。

17mも吹き飛ばされて、命が助かったのは奇跡でしたが、サラリーマンとして僕なりに頑張っていた人生は、その瞬間から一変しました。

僕が自分の状況を理解したのは、事故から2日後。

搬送された病院のICUで目覚め、医師から自分の置かれた状況を聞いた時でした。

身体全体が痛くて動かすこともできず、両足と右肩は上から吊られた状態。首の第7頸椎棘突起という箇所が折れていたので、首も固定されて寝返りも打てません。

唯一、自由に動かせたのは左腕から先だけという全身ミイラ状態。

トイレにも行けないので、僕のアソコには細いチューブみたいなものが刺されていて、その無残な姿を直視することもできませんでした。

首の骨を含む全身骨折、頭部外傷、ICUに5日間、入院2ヶ月、自宅療養6ヶ月、その後のリハビリ生活、社会復帰までに2年6ヶ月……今、振り返っても大変な事故だったのですが、その時の僕を襲ったショッキングな事実が二つありました。

一つは、車の運転手が、自動車保険に加入しておらず、運転手の赤信号無視にもかかわらず、相手側からは1円も、保険金がもらえなかったという事実。

そしてもう一つは……　実は僕は、会社に対して、通勤には自宅の最寄り駅までバス通勤をしているという申請をしていたので、自転車に乗っていた僕は通勤経路外ということで労災認定されなかったのです。

しかも、虚偽申請の懲戒処分として、これまでのバス通勤定期券支給額の差額を会社に返還した上に、減給というオマケつきでした。

給料が少ないから、「自転車を使ってバス代を浮かそう」と思ってやった僕のセコい通勤交通費申請は、結果1円も得することなく、少ない給料をさらに少なくする結果を招いたのでした……（下の写真は、当時、勤めていた会社から通告された懲戒処分内容です）。

僕が実際に受け取った人事通知

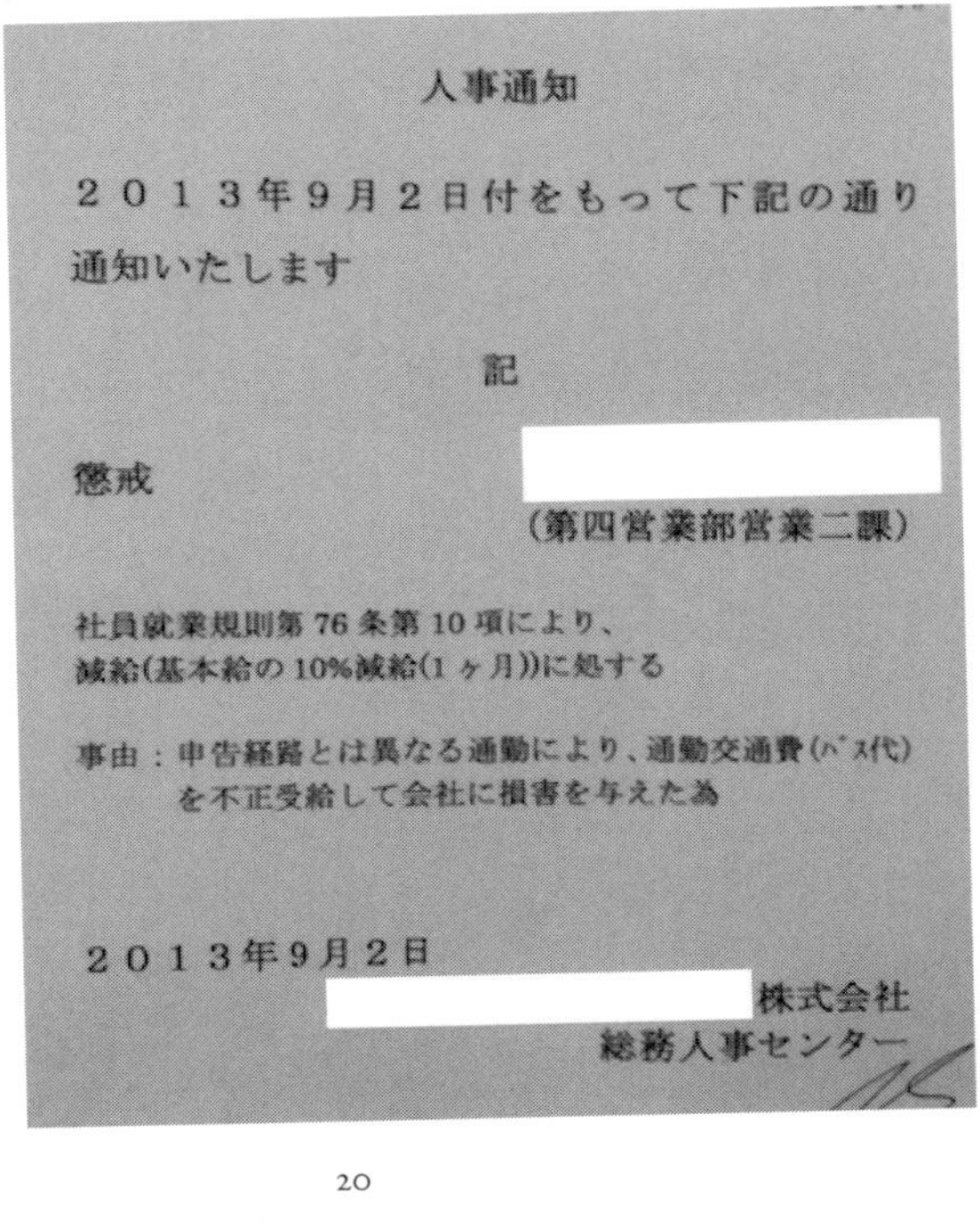
人事通知

２０１３年９月２日付をもって下記の通り
通知いたします

記

懲戒 [redacted]
（第四営業部営業二課）

社員就業規則第 76 条第 10 項により、
減給(基本給の 10%減給(1ヶ月))に処する

事由：申告経路とは異なる通勤により、通勤交通費(ﾊﾞｽ代)
を不正受給して会社に損害を与えた為

２０１３年９月２日
[redacted]株式会社
総務人事センター

たった一つの交通事故が僕の日常を奪っていく

その頃、幸か不幸か、僕は結婚したばかりでした（当時27歳）。

結婚後、落ち着いてから挙式する予定だったので、婚姻届は提出していたものの、結婚式を3ヶ月後に控えていた大事な時期。

事故の当日、一緒に披露宴で使う写真の整理をする約束をしていたのに、いつまで経っても帰ってこない僕を心配していた妻。深夜0時を過ぎた頃に、救急隊員から電話がかかってきた時、妻はパニックになり眼の前が真っ暗になったそうです。

彼女にとっては、収入が少なくても元気だけが取り柄な人と結婚したのにもかかわらず、結婚1年未満で僕が要介護状態になるとは夢にも思っていなかったでしょう。

このたった一つの事故をきっかけに、僕の日常はがらりと変わりました。

それまで、当たり前だと思っていた毎朝7時前に起きて出社し、食品会社の営業マンとして仕事をして、21時前後にへとへとになって帰宅するという生活は、もう望んでも得られることはありません。前日まで普通にあった日常は奪われ、それと隔絶された世界での僕の第二の人生が始まりました。

僕のプライドが崩壊した1ケ月

僕の第二の人生の始まりは一畳あまりの白いパイプベッドの上からでした。自由に動かせるのは左腕だけだったので、車椅子に乗ることもできません。当然、お風呂にも入れないので、2日に1回、看護師さんが僕を素っ裸にして、全身を拭いてくれます。

2日間かいた汗を拭いてもらえる至福のひと時ではあったのですが、プライバシーなどは皆無。淡々と一連の作業のように服を脱がされるのは、当時27歳の僕には耐え難いものでした。

せめてオバちゃん看護師限定にしてほしいという僕の気持ちなど一切考慮されることもなく、僕を素っ裸にして身体を拭く看護師は若い女性もいれば、若い男性もいました。至福のひと時であるはずなのですが、心ではいつも泣いていました（涙）。

さらには、自分でトイレにも行けないので常時、僕のアソコには管がつながっている状態。「小」は問題なかったのですが、「大」は大問題です。

コールボタンを押して、看護師さんを呼んで一言。

「お通じがしたいです……」

僕が、この先の人生でもう二度と言いたくない言葉です。

看護師さんは「慣れているので、気にしなくていいですよ」と言ってくれたのですが、看護師さんは慣れていても、僕は未経験です。

神様！　なぜ僕がこんな目に……。

肉体的にも精神的にも、人生で最もつらかった1ヶ月のことを今でもはっきりと覚えています。

でも、この状況を1日も早く卒業したかったので、きついリハビリを猛烈に頑張れたのも事実で、そして、これを経験したからこそ、僕は人生において何が大事か身に染みてわかった気がします。そして、時にプライドを捨てて行動できるようになったのも、この経験があったからだと思います。

働けなくなった時、お金について真剣に考えた

入院初期はとにかく自分の身体と向き合う期間でした。他のことを考える余裕はなかったし、とりあえず全てにおいて、今日より明日、少しでも回復することだけを考えていたような気がします。

事故から1ヶ月が経ち、念願のトイレにもなんとか一人で行けるようになった頃、僕

は個室から5人部屋に移ることになったのですが、あの時の僕の喜びを理解してくれる人は、果たしてどのくらいいるでしょうか。

「トイレに行きたい時に、ナースコールボタンを押さなくていいんだ！」

きついリハビリを頑張ったおかげもあって、少しずつできることは増えていきました。トイレや食事、お風呂……そんな当たり前のことが一つずつできるようになる幸せを噛みしめる一方、もう一つの現実が僕に襲い掛かってきました。

先の見えない将来、そして「お金」に対する不安……。

この頃から、僕の頭の中でいろんな不安が連鎖反応のように繋がって、僕のメンタルを直接攻撃してくるようになります。


この先、きっと後遺症は残るだろうな……

加害者は保険に加入してないらしい。だからお金をもらえないなぁ……

仕事に復帰できるのかなぁ……

仮に会社を辞めたとしても再就職できるかなぁ……
↓
今後妻を養っていけるかな……一応新婚なんだけどなぁ……
↓
そもそも、僕の今後の人生どうなるんだろう……？

とりあえず、命の危険が去ると、次に考えるのはやはり「お金にまつわること」が大半を占めるようになるものです。

会社はこの時点では、休職扱いになっていました。

元々の給料の3分の2くらいの額が傷病手当金として支給されていましたが、生涯もらい続けられるものではありません。しかし自分の身体の状態を見ると、半年や1年で完治するとも思えませんでした。

このまま働けなくなったら、月々の収入はなくなり、貯金を切り崩していくことになります。生活保護という手もありますが、できれば自分の手で生活の糧は得たい。

僕がなんとしても自分の手で収入を得たいと考えたのは、妻のことが心配だったからです。もし僕が結婚せずに独り身だったなら、世間体さえ気にしなければどうにでもなりますが、結婚している以上、夫婦二人ではそうはいきません。嘱託勤務で、手取り16万円の妻が一人で働いて、僕の世話をするというのは、精神的にも金銭的にもお互いにとってつらいものがあります。

思いもよらない事故によって、その後の僕ら夫婦は、お金について真剣に考える機会が他の夫婦より、ずっとずっと増えていくのでした。

なんのために働くのか

僕は2012年末から約2ヶ月間、1日の大半を病院のベッドの上で過ごしていました。入院中は妻や僕の母が何度も見舞いに来てくれたのですが、一人の時間の方が遥かに長く、不自由を抱えながら1日中ベッドで天井を見上げる生活というのは、とてもつらいものでした。

仕事をしていた時、あれほど嫌だった社内会議用の資料作成ですら、いざ解放されると逆に寂しい感覚を覚えるから不思議です。読書やスマホアプリのゲームだって、スキマ時間にするのがちょうどいいのであって、何十時間も続けてはできません。

家族は、「今は無理せず治療やリハビリに専念した方がいいよ」と優しく声をかけてくれるのですが、その優しさが逆につらく感じる時期でした。

事故から3ヶ月くらい経つと、頑張ったリハビリの成果もあり、病院も通院治療に切り替わりましたが、家の中では松葉杖、出かける時は車椅子が手放せない生活でした。

首の骨が一度折れてしまったので、しばらくの間は歩く時にコルセットを首に巻き、雨が降ると首が痛くなるので、気分も凹みます。そして、ずっと右肩の神経がウズウズするなど、身体の状態は、完全復帰には程遠く、リハビリは一進一退の状態が続いていました。働きざかりの年齢なのに働けないという現実は、心にずしんと重くのしかかり、僕は自分たち夫婦の行く末を毎日のように憂いていました。

それでも僕の心が折れなかったのは献身的に介護をしてくれる妻と、ある歌が支えてくれていたからだと思います。それは子育て中の姉に教えてもらったあの懐かしい名曲。

♪なんのために生まれて　なにをして生きるのか
答えられないなんて　そんなのはいやだ
♪なにがきみの幸せ　なにをしてよろこぶ
わからないままおわる　そんなのはいやだ
（作詞：やなせたかし）JASRAC 出 2001924-001

それは「アンパンマンのマーチ」。日本で一番長く親しまれているアニメソングです。子育て中の姉との世間話がきっかけで聴き直してみたらグッとこみ上げるものがありました。

僕自身、子どもの頃は「元気なアニメソングだな」としか思っていなかったのですが、自分の心が折れそうな時に聴くと「これが子ども向けなのか？」と歌詞を聴けば聴くほど、心に響きました。

何度もリピートしては、生きる喜びと自分の幸せについて繰り返し考えました。

……なにが僕の幸せなんだろう。なにをしたら僕は喜ぶんだろう。

幸いなことに時間は有り余っていたので、考えに考え抜きました。色んな本を読んだり、ネットで「人生　生きがい」とか「仕事　やりがい」とか「人生で経験したいこと」とか検索しながら自問自答する日々。

そして紆余曲折を経て、僕なりにある考えにたどり着きました。身体を満足に動かせない僕が考えて出した答えは……。

「僕は自分のやるべき仕事を自分で決められる人間になりたい。そして、それを叶えるために僕は自分の力でお金を稼ぎたい」

事故に遭うまでの僕は、正直、会社に依存しながら生きていました。

1日の大半、会社から命じられた仕事を続け、それをこなすために頑張って働いていたと思います。苦手な得意先のご機嫌もしっかりとって、プレゼンや価格交渉など、成果に結びつけてきたこともありました。

「でも、それは、なんのためだったのか?」

無意識で会社の中で出世して給料を増やしたいと思っていたのかもしれないし、会社からクビにされたくなくて必死で働いていたのかもしれません。でも、いざ僕が働けなくなると、仕事ができない僕というのは会社にとっては「=無価値」でした。

それまでは、心のどこかで、何かあったら会社が助けてくれるだろうと甘えた考えが僕にはありました。事故後も「営業じゃない内勤職でもどうか?」という提案や、時短勤務の提案なども期待しましたが、そんな温かい言葉は会社からは結局ありませんでした。もちろん、そこまで世話を見てくれるほど、僕は優秀な社員だったわけではありません。良くも悪くも代替のきく平凡なサラリーマン。

この事故において、僕が導き出したいちばん大事な答えは、会社に甘えることなく自立したいということ。僕は会社に依存しないでも生きていける方法を模索したいと思ったのです。
そのためには、収入の道を自らの手で開拓すること。そうすれば会社に依存せずに自分のやりたいことができるはずです。

目標は、副収入で月100万円以上

副収入で月100万円以上の状態であれば、今後従業員として働くとしても、会社にしがみつくことなく、自分のやりたい仕事を選べるようになると思ったのです。本当は自分がやりたいことを仕事にして、社会に貢献できるビジネスを始める！　とかカッコいいことを言いたいのですが、平凡な能力しかない自分の身の程はわきまえています。ビジネスを立ち上げて、社長と呼ばれる人になるのは僕の器ではキャパオーバーです(笑)。

それに、もし、従業員として働くとしても、この時の僕の身体では正社員として雇ってもらえないかもしれません。

僕にとって最良の選択肢は、正収入ではなく、副収入としてお金を稼ぎ、会社に依存しないで自立すること。

時は、事故から4ヶ月が過ぎ、桜の季節が終わろうとしていました。

お金の増やし方を知らなかった僕

目標を大きく掲げたものの、副収入で月収100万円というのは大きな壁です。おまけに、身体はまだリハビリの途中。肉体労働はもちろん、選択肢から外れます。

しかし、自立するには、自分でお金を作れるようにならなければいけない。

そう考えた僕は、自ら動かなくてもお金を稼げる不労所得という方法を探すことにしました。インターネットで調べてみると結構出てきます。

・株式投資
・不動産投資
・FX・外貨投資
・アフィリエイト
・その他よくわからないが怪しそうな投資

※アフィリエイトとは、自分のサイトなどで、企業の商品（サービス）を宣伝・販売し、報酬をもらえるネットビジネスのこと。

ちなみに、最近小学生が将来なりたい仕事ランキング上位のYouTuberは、当時は見つかりませんでした。あったら試してみたかったかもしれません。

この時期はお金を稼ぐ方法のヒントを求めて、本屋を訪問することも多くなりました。それまではあまり訪れることのなかった本屋ですが、驚いたことが一つ。

世の中には「お金を稼ぐための方法」を教える本がなんと多いことか！

『１００万円を7年間で1億円にする株式投資』

『ゼロから月収１００万円！　ネットの稼ぎ方入門』

『働かないで年収５１６０万円稼ぐ方法』

『秒速で1億円稼ぐ条件』

僕は当時、その内の何冊かを貪るように読み込んだのですが、今になってわかることがあります。

お金を増やすテクニックが書かれている本は、テクニックを実践する上で、本に書い

てある通りにやったつもりでも、センスやタイミングが意外に重要で、実際にはうまくいかない。

いわゆる「お金の法則」などが書かれた哲学的な本は、具体的にどういう行動をとればいいのかわからない。

とりあえず情報収集から始めた僕は、多くの本を読んで投資について理解した気になっていたのですが、この時はまだ物事の表面だけしか理解していなかったのかもしれません。

僕には投資のセンスがなかった

僕は当時、その本質を見抜けないまま、理解した気になっていた株のデイトレードを始めることにしました。

「勉強する時間はたっぷりあるんだ。株のデイトレードで年間利益1000万円を目指そう！」

株のデイトレード（以下デイトレ）とは、株のその日の値動きを見て、瞬間的に買ったり売ったりして利益を得る手法のことです。その会社が何をしているのかなどは一切気にせず、値動きの反応（チャート）だけを見て、売買の判断をし、1日に何度も取引をすることが基本となります。

デイトレを始める前、僕は書籍や、デイトレで利益を上げている人のブログを隅から隅まで読みこみ、自分がデイトレーダーになって稼ぎまくるイメージを徐々に膨らませていきました。

そしてある程度の知識を得てから、僕は自分がデイトレをやろうとしていることを妻に相談しました。

「今後、働けなくなるかもしれないし、もう会社に頼って生きていくことは難しいから株式投資をしてお金を稼ごうと思っている。二人の将来のためだから協力してほしい」

妻は平穏な生活を望むタイプだったので、多少の違和感を感じたようですが、最終的には納得してくれました。

妻の了解が取れたのを良いことに、僕はさっそくPCモニターを2台購入し（約5万円）、ワクワクした期待感をもってデイトレを始めてみることにしました。

するとどうでしょう！　100万円の運用資金から始めた僕のお金はみるみる増えていきました。安く買って高く売る。たったそれだけの行為で、1日で5万円近い利益を出せる時もありました。結果として、13年の4月から7月までの4ヶ月間で100万円もの利益を出せたのです。

デイトレに費やしている時間はこの4ヶ月で約200時間。そこで得た利益は100万円。時給にすると5000円換算で僕のそれまでのサラリーマンとしての給料より断然高い！

「今は運用資金を少なくしているからこのくらいの利益だけど、これから先、資金も増やしていけば利益はもっともっと増えていくはず。それなら仕事をしなくても全然大丈夫かもしれない！　あれ？　やばくない？　僕は実は天才じゃないのか？」

この時の僕はウハウハでした。自分には投資のセンスがあるのではないかと勘違いもしました。

しかし、ちょっとした独学でわかった気になっている素人に対して、投資の世界はそんなに甘いものではありません。

そもそも、僕が100万円の利益を出したのは、2012年12月以降のアベノミクス効果でほとんど全ての株が上がっている時期。正直誰がやっても、株を買いさえすれば値上がりする時期だったと思います。

毎日PC画面に張り付いて、4ヶ月で200時間以上を費やして得た利益100万円は、あるちょっとした株取引の失敗を皮切りに、その後の3週間で簡単にチャラになってしまいました。

これが株式投資やＦＸ投資の怖いところです。

これらの投資方法は、運転資金を必要とするため、入ってきた利益を次の投資に回すのが基本なのですが、それによってそれまで得た利益がなくなってしまうこともあります。サラリーマンの給与収入がいきなりゼロになることはなくても、投資で得た利益がゼロになるというのはよく聞く話です……。僕もしっかりそれを経験してしまいました。

それまでの高時給所得者から一転、時給０円となった僕……。

やはり、あくまでビギナーズラックだっただけで、投資のセンスがないことを自覚しなければいけない結果となりました。たっぷりあったはずの時間を５ヶ月も消費して、余ったのは狭い寝室をさらに狭くするだけのＰＣモニターが２台……。

この５ヶ月弱で僕がしてきたことはなんだったのだろう？　寝室の隅でホコリを被り始めた２台のＰＣモニターを見る度にその思いは虚しく自分に跳ね返ってきます。

しかし、虚無感を抱えている間も不安は募るばかり。良くも悪くも、考える時間と調べる時間はまだまだ無限にありました。

そして、次に僕の目に飛び込んできたのは、「秒速で１億円稼ぐ男・与沢翼」。

自分に投資のセンスがないことは薄々感づいていましたが、もう引っ込みはつきません。

生きる勇気と喜びを見つけるために、「アンパンマンのマーチ」を口ずさみながら、僕はまだまだ頑張るのでした。

与沢翼の「与沢塾」に入塾した僕

結局のところ、会社に頼らず生きていくという宣言をしたものの、何も手に入れることができないまま、事故から7ヶ月が経ち、休職期間も残り4ヶ月を切ったことで僕は少しずつ焦りを感じていました（早く副収入の道を見つけねば……）。

そして僕が次に目をつけたのは、「秒速で1億円稼ぐ男・与沢翼」。

この人はアフィリエイトのプロだったのですが、その世界では「ホリエモン」並みに時代の寵児だったと思います。興味がある人は「与沢翼」とか「アフィリエイト　仕組み」とか検索してみてください。このアフィリエイトというものは、自分のウェブサイト（HP、メルマガ、ブログなど）を通じて商品やサービスを宣伝・販売できたら報酬が貰えるというもので、利益ゼロはあってもマイナスはありません。僕が以前失敗したデイトレとは違う「お金を稼ぐ方法」です（今、流行しているYouTuberだって、自分が撮影した動画をYouTubeにアップして、広告収入を得るという点ではアフィリエイトの一種です）。

僕は清水の舞台から飛び降りる覚悟で、入塾費用50万円を支払い、彼の弟子を作るという「与沢塾」に入塾したのですが、セミナー当日の会場には１００人を超える入塾生がいました。きっと誰もが、この時代の寵児の下でお金の不安を解消したかったのでしょう。それはもちろん僕も同じでした。

「僕も秒速で1億円じゃなくてもいいから、月に１００万円を稼ぎたい！」

２日間にわたるセミナーの中で、彼は自分のノウハウを隠すことなく全て伝えてくれました。

彼の手法というのは、ブログやホームページを作成し、圧倒的な情報量で集客をして、読者にそのページを通じて商品を購買してもらう、というものでした。鍵となるのは、ニッチでもいいので他者が真似できない専門性の高い情報の発信です。

僕は彼の教えに従い、得意分野でブログとメルマガを書いてみることにしました。選んだテーマは「食品業界の裏側」。

会社勤めしていた頃の僕は食品原料の会社で働く営業マンで、１００社以上の食品業界の会社を担当した経験がありました。多くの会社で、営業、法務、経理、研究、資材、マーケティングなどあらゆる部署の人と一緒に仕事をしてきたので、その裏話を配信しようと思ったのです。食品は多くの人にとって非常に身近な関心事なので、興味を持ってくれる人はたくさんいるし、就職活動中の人に向けた内容にすれば毎年新しい読者もじゃんじゃん増えていくはず……！

アフィリエイトで生活を成り立たせるためには何千人、何万人という読者を作る必要があるので、テーマとしてはぴったりだと思いました。アフィリエイトする商品も、食品、調理機器、就活グッズ、一人暮らし用品など記事の内容とリンクさせることもできそうです。

これなら副収入１００万円も夢じゃない！

ブログを始めた頃の僕は、自信に満ちていました。

しかし、約2ヶ月間苦労して書いた僕のブログについた読者は、たったの10人……。肝心のブログは1話配信しては一人ずつ読者が増える程度でした。しかも読者の中には、あきらかに僕がターゲットとする読者とは違う人もいます。

「投資の神２・０」とか「特攻爆弾ミーヤ」とかあきらかに変なアカウントが紛れてい

るのです。この人達が就職活動中とはどうしても思えません。

こ、こんなはずじゃ……。

ブログに読者がしっかりとついてから、アフィリエイトを始めるつもりでいたのですが、アフィリエイトを始める前に、僕の心が先に折れてしまいました。

就職活動中の息子を持つ熱心な主婦が僕のブログを応援してくれていましたが、僕はこの主婦に対して、アフィリエイトをする気にはどうしてもなれませんでした。純粋に僕のブログを応援してくれているのに、報酬を得るためにアフィリエイト広告を出すのは気が引けてしまったのです。

そもそも、仮にその主婦が僕のブログを通じて商品を購入してくれたとしても、僕に入ってくる利益は数百円がいいとこです。

それを天秤にかけた時、僕はどうしてもその主婦を裏切ることはできませんでした。

僕は結局1円も稼ぐことなくブログもメルマガもやめることにしました。

妻には少し見栄をはって、

「ブログを頑張って書いていたけど、熱心な読者が50人くらいいて……、でも、この人達にはアフィリエイトはできないからブログはやめることにする」

とだけ伝えました。

結果としては、秒速で100万円どころか、2ヶ月かけて1円も稼げなかった僕。やはりというべきか、WEBマーケティングの仕組みをわかっていない僕が、足を踏み入れていい世界ではなかったのかもしれません。

このように書けば、「当たり前じゃん」とか「この人バカなのか?」と思われるかもしれませんが、この時の僕は本気でした。株のデイトレやアフィリエイトで成功したかったし、成功して将来の不安から抜け出したいと本気で思っていたんです。

しかし、一番近くにいた妻から見ればこの頃の僕はこんな感じだったらしく……。

いきなり思い立ったように、自分でお金を稼ぐとか言い出す

↓

デイトレードをするために、PCモニターを2台も購入して、

四畳半の狭い寝室がさらに狭くなる

↓

毎日の会話のネタが株の話が中心になる

↓

毎日のトレードに一喜一憂する

結果上手くいかず、相当凹む
↓
そこで諦めてくれればいいのに、さらには「与沢翼」という
得体の知れない男のセミナーに参加して50万円もの大金を支払う
↓
アフィリエイトのために、夜な夜なメルマガとかブログを書いて過ごす
↓
生活リズムは乱れ、不規則な日々を過ごし、
時折、虚ろな目で「アンパンマンのマーチ」を口ずさむ
↓
全てが上手くいかず、もはや、さまよえる子羊のよう……

ついにというべきか、こんな生活を続けていた僕に対して、妻は一度本気で怒ったことがあります。

「そんなことしてないで、再就職のためにもっと頑張ってよ！　ちゃんと朝起きてよ。

不労所得とか訳のわかんないこと言ってないで、普通に働いてくれなきゃヤダよ。今の状況、お父さんとお母さんになんて言えばいいのかわからないよ！」

妻は泣いていましたが、僕だって泣きたい気持ちでいっぱいでした。

でも現実はなかなか上手くいかないものです。これくらいの努力で成功するくらいなら、もっと多くの人が人生を成功させているのでしょう。人生はそんなに甘いものではありません。

自分なりに時間をかけて本気で取り組み、成功者から最新のノウハウと哲学を教えてもらいましたが、それでも上手くいきませんでした。僕はこの時、心に誓いました。

株のデイトレとアフィリエイトはもうやらない！

僕がその二つで上手くいかなかった最大の要因は自分でもわかっています。その方法が悪かったわけではありません。与沢翼ではなく僕のせいなのです。それはセンスの問題でもありません。

僕の興味が長続きしなかったことが、大きな問題だったと思っています。

僕は株の値動きの反応を表す「チャート画面」をずっと眺めることも、毎日のようにメルマガやブログを書き続けることも、まったく楽しくなかったのです。**その方法で稼**

げている時（稼げると思っていた時）はよかったのですが、思った通りに進まなくなるとその熱は一気に冷めていきます。もし、これが仕事なら、仮に熱が冷めても、やらなければいけないことはやるでしょう。だって仕事なのですから！

でも、副業の場合は違います。

熱が冷めたら、自分の意思一つで簡単にやめることもできてしまうのです。投資の鉄則で「自分の興味のある分野から始めよ」というものがあります。

つまり、僕は最初から選択を間違えていたと、今から振り返れば思います。

お金を稼ぐには、それをずっと続けていたいと思えるくらい楽しいことでないと、途中の障害（ハードル）で簡単に挫折してしまうことを、僕は身をもって思い知りました。

自分がお金を得ることだけの目的で、得意でない（興味がない）とわかっていることにチャレンジすることは、投資ではなく投機（ギャンブル）なんだ！

自分に合わないやり方でお金を増やすことはできない……！

僕はその後、いくつかの副業で成果を上げることができたのですが、それは自分が心から興味が湧いたからに他なりません。

実は、これは与沢翼さんも言っていたことでした。

だから僕は、入塾費用50万円払った対価として、この教えはとても大切にしています。

働けない自分でもチャレンジができた理由

結果は出ませんでしたが、この時にいろいろとチャレンジしたことは、自分にとって大きな財産になっています。

失敗することで、自分には何が向いていないか、わかったからです。たとえ、それが失敗に終わったとしても、そこから得る経験があります。それは目に見えない知識のようなものかもしれませんが、今後の人生を歩む上で役に立つでしょう。

一般的にお金を増やすには経験が大事だと言われます。まずは、一歩を踏み出してみて、その方法が正しいかどうか、さらに突き進めそうか、肌で感じること。向いていないと思ったら、早めにやめればいいのです。

実は僕は紹介した以外にも、副業としていくつかの投資に手を出しています。成功した投資よりも失敗したものの方が多いかもしれません。やはり僕に投資のセンスはないのです。

そしてこの時期、僕がいろいろチャレンジできたのは、無限のようにあった時間と、妻が許してくれたからだと思いますが、さらに加えるなら、いわゆる「先立つもの」の存在があげられます。

僕は、何かにチャレンジするたびに貯金を切り崩すことになり、かなり心を痛めていましたが、それが尽きてしまう心配はしていませんでした。もし、この生活が10年続けば、尽きていたかもしれませんが、3年程度ならなんとかなる、と思える蓄えが僕にはあったのです。

実は、その時点で僕が貯めていた金額は2000万円以上。

手取り22万円で、6年しか働いてないのに、2000万円というのは計算が合わないと思う方もいると思うので、先に告白をすると、僕は事故にあって入院する前から、あることをしてコツコツと資産を増やしていました。

あの事故は、結婚もして、お金も増えていて、自分の人生が順風満帆にいっているという頃に起きたものです。

「あれ、投資のセンスはないんじゃなかったの？」

そんな風に思う方もいるかもしれませんが、僕がコツコツと続けていたあることとは投資のセンスとはまったく異なることだったのです。

それは学生時代にしたある発見が関係しているのですが、詳しくは第2章で解説したいと思います。

お金があるから平常心でいられる

入院中の僕が心から思ったのは、「お金があってよかった」ということです。お金を持っていたって、つらいことはつらいし、凹むことは、平等にやってきます。

周りの人は僕が若いのにお金を貯めることを生活の中心に置いてるのを見て「お金に縛られてる」とか「世の中には、お金を貯めるより大切なことがあるんだよ」とか、いろいろな意見を言ってくれます（特に家族ですね……）。

事故にあった時は、「お金のことばかり考えてるから、あんたにはきっと天罰が下ったんだ」という言葉を母からもらったこともあります（実際セコイ節約がバレて懲戒処分になったのだから、まんざら間違っていません）。

でも、そういうつらい目にあった時に、一番頼りになったのは、間違いなく僕の貯金残高で、それを否定したら、あの苦難を乗り切ったことをちゃんと説明できないと思うのです。

投資に失敗した時もそうです。

数百時間という勉強時間や50万円というセミナー代金は高い授業料ではありましたが、僕に大事なことを教えてくれました。そういう意味では、僕は与沢翼さんにも感謝することができています。アフィリエイトに打ち込んだ2ヶ月間は、僕に希望と絶望をもたらしたのですが、それもまた経験です。

僕にとって「与沢翼さんの手法」は合わなかったのですが、確かにその時代の最新ノウハウと哲学を持っていた人だったと思います。ネットでは色々と書かれていますが、実際に彼の弟子となった塾生の何人かは、彼から離れた今でもアフィリエイトで生計を立てていることを僕は知っています。

「よい経験だった」と冷静に思えるのも、全てお金のおかげと言い切ることが、ものすごく恰好悪いことのように思うかもしれないけど、人生のどん底を垣間見た自分が、きれいごとを言っていたら、正直ではないし、この本の読者に対しても失礼になる気がするのです。

第2章　僕は人生最大の発見をしてお金を増やした

未来のお金を想像する

僕が大学生だったある日、偶然テレビで、あるドキュメンタリーを見ていました。それは、最新のアフリカ事情を伝えるという趣旨のドキュメンタリーで、アフリカのサバンナにある村の若者が携帯電話を使って、友人と会話をしていました。

「へえ、サバンナでも携帯電話が使えるんだ」

新鮮な驚きでした。僕が幼い頃は、まだアフリカには物資が足りなくて、世界中が援助をしていた記憶があったからです。サバンナのイメージも、たくさんの若者が槍を持って獲物を追いかけ回して、狩猟を行っているようなイメージでした。

あれから10年、さらに世界は発展し、世界中の人が、スマホを使い、電気自動車に乗り、ステーキを食べる、そんな生活が現実のものになろうとしています。

発展途上国と思われていた国の人も、先進国とほぼ同じような生活を送れるようになってきています。

ここで少し、考えてみてください。

僕が幼い頃（１９９０年代）と今は、何が変わったのでしょう？

なぜこんなに世界は豊かになったのでしょう？　地球の資源が急激に増えたわけでも、戦争がなくなったから、というわけでもありません。科学や農業技術の発展が人類を豊かにしたんでしょうか？

もちろん、そういった理由もあると思いますが、それとは別に確実にこの数十年で変わったものがあります。

それは、「世界の人口」と「お金の総量」です。

サラリーマンは生まれてから死ぬまで、だいたい2億円くらい稼ぐと言われています。

そして、生きていくのにお金は必要なので、僕みたいに能力の低いダメリーマンでも1億円くらいは稼ぎます（稼ぎたいです）。それで食べ物を買ったり、家を借りたり、遊びに行ったり、車を買ったり、生活に必要なものをそのお金を使って購入します。

だから、人は死ぬまでにやっぱり2億円くらい使います。

それが経済活動となって、表されるのが国内総生産（ＧＤＰ）という数字です（人口の多い中国は２０１０年に日本のＧＤＰを抜きました）。

人が生きていくために食べたり、住んだり、移動したりすることが経済を回すので、その経済活動に応じて、政府はじゃんじゃんお札を刷ります。だから、人口が増えた分だけ、世界のお金の総量は増えます。

お金の発行量って多分、その国で一番頭のいい人たちが集まって、そこで智恵を出し合って決めているので、僕には難しいことはわかりません。でも、お札を刷る理屈はわかります。

その根拠は、「だって人が増えるなら、その分が必要になるでしょう?」ですね。

では、増やしたお金はどうなるのでしょうか?

政府はお金を色んなことに使います。教育や公共事業なんかに投資をして、お金が世の中にどんどん回るようにしていきます。お金はやがて、公務員のお給料になったり、大きな橋になったり、ショッピングセンターになったりするものもあれば、一部は株や債券みたいな形に姿を変えて、市場に流れ込み、もっと流動的になっていきます。自国通貨で外国の債券を買ったりすることもあるでしょう。

その大きなお金の流れの中で、やがて、アフリカの大草原の村の今どきの若者のスマホに姿を変えることもあるでしょう。そして、その若者は、スマホを充電したいために、自分の村まで電線を敷設するように政府に嘆願するかもしれません。そうしたら、電気の消費量は上がり、電線業者が儲かり、その若者もスマホの充電を心配しないで、仕事が効率よくできるようになるかもしれません。

世界が豊かになったのは、科学の進歩や農業技術の発達だけではなく、それらを推進する燃料とも言うべき「世界の人口」と「お金の総量」が増えたことが原因だと思うのです。

人生最大の発見

大学3年の頃、僕は多くの大学生と同じように、就職活動に打ち込んでいました。

僕は理系の学部で、前ページで話したような経済の仕組みはよくわかっていませんでした。

そんな時、人生最大ともいうべき、ある発見をしたのです。それは、就職試験の時事問題対策のために普段は読まない新聞を読んでいた時のこと。ある記事が僕の目に止まりました。

それは世界の人口が66億人を超えたという記事でした。

当時（2006年）の僕の認識としては、世界の人口は60億人くらいだと思っていたのですが、60億人は2000年にはすでに突破し、2006年には66億人を超えていたのです。

そして記事にはこう付け加えられていました。

「人口の増加に比例するように、世界のＧＤＰもすごい勢いで増えている」
※世界のＧＤＰとは、その１年間に世界中の国々で稼がれたお金の合計額のことで、それが増えているということは世界経済が成長していることを意味します。

この記事は僕がそれまで想像していた世界経済とは、１８０度真逆の内容だったので、とても印象的だったのを今でもよく覚えています。

なぜなら、当時の僕にとっての経済とは、少子高齢化や人口減少、地方の過疎化からくる空き家問題、そしてバブル崩壊後の失われた10年とか20年と言われている日本の経済が全てで、それが世界の経済ともリンクしていると思っていたからです。いや、正確にはそんなことを考えもせず、「世の中は不景気だよなぁ〜」と思っていたような気もします。

そして今でも、実生活の中ではそのように考えています。

だって、日々伝えられるニュースが、世の中の不景気さを煽るようなものばかりだから……。

しかし、そこに書いてあった新聞記事の事実はまったくの逆で、世の中の人口はずっと増え続けていて、さらには世界の経済も成長を続けているというのです！

この事実は、僕の好奇心に火をつけました。

僕は就活用の時事問題対策を切り上げ、人口統計について調べてみたのですが、世界の人口は、1日で20万人ずつ増え続けていることや、僕が定年を迎えそうな2050年頃には100億人に迫る勢いだということを知りました。

ス、スゲー増えてる（笑）。

（これから40年でさらに40億人も増えるの？）

人口統計学上では、全世界を巻き込んだ戦争や地球そのものが隕石などの外的要因で大きなダメージを受けない限り、2050年の約100億人というのは、ほぼ絶対的な数字らしいということもわかりました。

正直、世界戦争が勃発したら僕もしっかり死ぬだろうと思ったし、巨大隕石の落下は非現実的過ぎて考えられません。

つまり2050年には100億人に迫るということの数字は、僕が生きている限り、ほぼ確実な未来だといえます。また、それと同時に世界のGDPの推移についても調べてみました。

すると驚くことに、僕が生まれた１９８５年には全世界のＧＤＰの合計が13兆ドルだったものが、２００５年には47兆ドルを超えていたのです。

○○兆ドルというのは、あまりに大きい数字すぎてよくわからないかもしれませんが、僕が生まれてから、それまでの20年間で、世界中で1年間に稼がれるお金は３・６倍になっていたということは、わかっていただけるかと思います（13兆ドル↓47兆ドル）。

億ではなく、兆。そして円ではなくドル。

1ドル１００円で考えてみても、正直、途方もない数字です。

さらにさらに調べてみると、ゴールドマン・サックス社は２０５０年には、世界のＧＤＰは２５０兆ドルになるだろうと予想していたのでした。

えっ、２５０兆ドル？

今が47兆ドルなのに、２０５０年には２５０兆ドルになるの？

もう数字の規模が大きすぎてわかりませんが、とにかく！　世界的に有名な金融会社が、これから２０５０年まで、世界経済はめちゃめちゃ成長すると予想していたのです。

絶対的な数字である人口統計の数字はウソをつかないのだから、表にすると次ページの表のような感じでしょうか。

２５０兆ドルだけは確定の数字ではありませんが、それ以外は過去のデータと、ほぼ決まっている人口統計学上の数字。２５０兆ドルというのはゴールドマン・サックス社の見込みデータであって、２８０兆ドルとかを予想しているサイトもありました。

気になる方は、「２０５０年　ＧＤＰ　予測」と検索してみてください。

ＧＤＰは本来、その1年間にその国で稼がれたお金の総量なので世界全体のＧＤＰの値を出しているデータは少ないのですが、ＧＤＰランキングなどで上位30ヶ国を全て合計すると、そのくらいの数字になります。

つまり、**人口が増え続ける限り、ＧＤＰはとんでもなく増える**みたいですね！

僕は専門家ではないので、２０５０年に２５０兆ドルになるという根拠はわかりません。

でも単純な話、人口が増えれば働き手（生産人口）も増えるので、世界中で稼がれるお金の総額であるというＧＤＰも比例して増えるのではないかという想像は、当時大学生の僕でも容易にできました。

世界の人口とGDP

	1985年	2005年	2050年
世界の人口	48億人	66億人	96億人
世界のGDP	13兆ドル	47兆ドル	250兆ドル ？？

人口だってこれから40億人も増えるのだから、世界中で稼がれるお金の総額だって47兆ドルよりは確実に増えていくだろうと思いますよね？　今や、アフリカのサバンナでスマホが使えたり、ある企業が数年後の海上都市を計画したり、一般人が宇宙旅行に行くことも夢ではなくなってきている時代です。

人口が増えることがほぼ確実で、世界中の色んな国が経済発展を続けていく中で、世界中で稼がれるお金の総額であるＧＤＰがそのまま変わらない未来を想像することのほうが難しいです。

当時大学生の僕としても、よくわからないけど名前だけは知っていたアメリカの巨大な金融会社が２５０兆ドルと予想しているのだから、控えめに見ても２００兆ドルは超えるだろうと思えました。

人口が増えるからＧＤＰも増える。それに伴って世界経済は成長を続けるだろうというロジックはシンプルに納得できます。そしてこのロジックこそが、これまで10年以上続けてきた僕の資産運用の原点であり、この先も揺らぐことのないシンプルな考えなのです。

「世界経済は２０５０年まで、きっと成長を続けていくだろう」

これから先、いろんなことを書いていくつもりですが、僕の資産を増やしていく基本理念はここに尽きます。

実際、２００5年に47兆ドルだった世界のＧＤＰは、下がる年もありながら、２０１5年には74兆ドルまで増えてきているのだから、やはり世界経済は成長しているのだと思います（実生活では、まったく実感がわかないのは仕方のないこと。だって日本で起きたアベノミクス効果だってまったく実感がわかないのだから、世界経済の成長を感じることなんて実生活では皆無でしょう……）。

・世界の人口

・世界のＧＤＰ

大学時代に気づいたこのたった二つの数字の推移と未来の予測こそが、僕の人生最大の発見でした。そしてこの人生最大の発見が、その後の僕の人生最大の決断を後押ししてくれたのでした。

人生最大の決断

当時、就職したら一人暮らしをするであろうことを想定し、僕は自分のお金を管理しやすいように預金口座を一つにまとめることにしたのですが、郵便貯金の利息金額を見て愕然としました。

郵便貯金口座には、小学1年生の頃からせっせと貯めたお年玉や大学時代に頑張ったアルバイト代が入るようにしていたのですが、100万円近いお金が口座にあったにもかかわらず、利息は10年間で1000円にも満たなかったのです。**この超低金利時代の日本で、100万円もの大金をどんなに長期間、銀行に預けても、100万円は「ほぼ100万円」でした。**

でも、もしもこの100万円が、世界経済の成長と同じように増えていたらどうだったでしょう?

仮に僕が生まれた1985年に、世界経済の成長と同じように増える投資先に100万円を預けていたら、世界のGDPの推移と同じように20年で約4倍の400万円になっていたかもしれません。

預金をして100万1000円になるのと、400万円になるのとではすごい違いで

世界の人口とGDP

	1985年	2005年	2015年	2050年
世界の人口	48億人	66億人	73億人	96億人
世界のGDP	13兆ドル	47兆ドル	74兆ドル	250兆ドル ??

す。

「もったいない！　もし、小学生の時にこの事実に気がついていたら、お年玉もアルバイト代も絶対に世界経済に投資していたのに!!」

その強い感情が、僕に人生最大の決断をさせました。

「就職してから入ってくる給料は生活費を除いて全額を、世界経済に預けよう。毎月10万円を30年間続けて3600万円を積立てられたら、僕はきっと億万長者だ！」

就職後、僕の給料が4倍になる可能性は残念ながらほぼ0%ですが、この方法を続けることさえできれば、僕の資産が4倍になる可能性は充分あると思えました。

平凡な能力しかなく、平凡な人生しか送れないと思っていた僕が億万長者になれるのは、唯一この方法だけだと思いました。

ちなみにこの大発見、P57の表に2015年の数値も加えたデータにすると上の表のようになります。

この人生最大の発見と決断から、僕の億万長者への道のりはスタートしたのでした。

僕がこの事実に気がついたのは2006年頃だったのですが、この事実と推移予測は10年後の時点でもしっかりと当てはまっていることがわかります。

つまり今からでも全然遅くないことになります。

僕らは2050年までの30年間、かなり高い確率で誰でも億万長者を目指すことができるのです。

世界経済にお金を預けるために、僕が選んだ投資先

履歴書に大したアピールポイントを書くこともできない僕でしたが、大学3年のある時、自分が億万長者になれる可能性を発見しました。

それは「世界経済の成長に投資」をすること。

でも正直、何から始めたらいいのかわかりません。株なのか、ドルを大量購入したらいいのか、新興国の国債を買えばいいのか……当時、投資に無知だった僕は、素直にインターネットの検索窓に「世界経済　投資」と打ち込みました。

それまでの僕は、世界の経済がどのように動いているのか、まったくの無知だったのですが、専門的なページから素人の投資体験ブログまで、いろんな情報を調べていく中で、ある答えが見えてきました。

「投資素人の僕には、投資信託の積立運用が向いていそうだ！」

むしろ、これからサラリーマンとしてそれなりに忙しい毎日を送ることを想定すると、**「片手間でできる世界経済への投資法」**はこの選択肢以外見つからなかったという方が正しい気がします。

「投資信託の積立運用」を簡単に説明すると、（世界経済の成長に合わせて価値が上がりそうな）投資信託（という金融商品）を毎月、毎月購入し続けて、積立てていく資産運用方法のことです。

※投資信託とは、証券会社が複数の投資家からお金を集めて、数億円～数千億円という単位で運用する金融商品のこと。投資信託とは総合的な名称であり、２０１９年時点で６０００種類を超える商品があり、商品ごとに運用のプロが株や債券に投資して運用してくれます。

たとえば、個人だと、Apple、TOYOTA、インテルの株や、アメリカとドイツと日本の国債、その他世界中に散らばった金融商品を購入するには数千万円単位のお金が必要で、どのタイミングで購入し、売却するのかも、全て自分で判断し実行しなければいけません。

しかし、投資信託であれば、商品ごとにたくさんの投資家のお金が集まっているので、自分がその投資信託を購入する額がたとえ数万円だとしても、右のような会社の株や国債に対して分散して投資することができます。

それぞれの投資信託には一つ一つに目論見書という商品説明書があり、この投資信託は「外国の株だけで運用する」とか、「日本の債券だけで運用する」とか、その投資信託の中身をどのような金融商品で運用するかが書かれた細かな説明書があるので、それを読んで自分にあった商品を選択することができます。

投資信託がどういうものか、何も知らなかった投資初心者の僕にとっては、慣れない言葉も多く、最初は投資信託の仕組みを理解するのに苦労しました。

でも今になって振り返ると、この時点ではあんなに苦労して勉強することはなかった……と後悔することもあります。それはなぜかというと、投資を始める前にどんなに勉強して知識を得ても、実際に投資信託の積立運用を始めてからの方が理解しやすかったからです。

僕の唯一の後悔は、人生初めての投資だからと臆することなく、大学時代から手持ちの１００万を毎月10万円ずつ切り崩しながら積立運用を始める勇気があの頃の僕にあれば……と思う点です。

正直なところ、投資を始める前には、そもそも理解できないことが多いし、細かいことまで理解する必要もないと今でも思っています。

だから、この本では、投資信託のことを詳しく知らない方でも「世界経済への投資」を実践できるやり方を、できる限りわかりやすくお伝えしていきたいと思います。

投資信託についてより詳しく理解したい方は、まずは実践してみた上で、その後に投資信託の参考書を読んでみるといいでしょう。

よくある投資の本では、自分が購入する投資商品の性格を知らなければいけないと言われますが、経験することでわかることの方が多いと僕は思います。

億万長者になるために続けたたった二つのこと

まず億万長者になるために僕は、ある二つのことをコツコツと続けていくことを決意しました。それらを解説していきたいと思います。

・お得な節約情報は、とことん調べて実践する（元手を作るため）
・毎月自動で投資できる仕組みを作る（投資をちゃんと続けるため）

節約して元手を捻出する

能力の低いダメリーマンが、毎月の給料の余りを世界経済に預けるだけでいつのまにか億万長者になれるほど、世の中そんなに甘いものではありません。お金を大きく増やしていくには、元手が必要で、必要な元手を節約して捻出するというのは、手取り22万円のサラリーマンにとっては、絶対必要条件です。

幸い僕の場合、小さい頃から節約はとても身近なものでした。母親と一緒にチラシを見比べては、卵はAスーパー、お肉はBスーパーみたいな感じでスーパーのはしごをすることが日課になっていたからです。

節約をするというのは、投資の観点では非効率的とも言われますが、そもそも給料の大半を投資したいと考えている僕にとって、生活費を低く抑えれば、その分、投資の元手金額は増えるわけで、節約と投資はセットで考えています。

ちなみに、ある程度の資産を築いた今でも僕はスーパーのはしごを続けています。

読み進めていただければきっとわかってもらえると思いますが、僕は投資家というより、根っからの節約家なのです（笑）。

節約する上で、今はインターネットがあるのでとても便利になりました。

「○○　節約」「○○　裏技」「○○費　削減」

このようなキーワードを検索するだけで、節約に関するお得情報が手に入ります。情報検索をする習慣が身についたおかげで、今では自宅のリフォームをするにも、自分の家のサイズに合う新品のユニットバスを70％オフで購入して、「ヤフオク」で手配した工事業者に取り付けをお願いすることで数十万円節約したり、株主優待と普段の生活で貯めたマイルを駆使して実質負担1万円くらいで、夫婦で旅行に行ったりしています。

毎月自動で投資できる仕組みを作る

節約に比べると、毎月自動で投資する仕組みを作るのは、実はもっと簡単です。

それは、銀行口座に給料が入ってきたら、毎月〇日に〇万円を証券口座に自動引落し設定し、毎月〇日に〇万円分の投資信託を自動購入の設定をするというものです。

おそらく、毎月の積立貯金をした経験のある人なら誰でもできる方法です。

銀行口座の貯金ではなく、証券口座の投資信託として貯めているだけの違いです。

この方法の良いところは、最初に設定をするだけであとは何もしなくていいという気楽さにあります。

僕は社会人1年目の頃から、億万長者を夢見て、約20万円の手取り給料の中から節約して毎月10万円で生活し、毎月10万円分の投資信託を購入するということを淡々と続けました。

ちなみに、この読者の中にはすでに社会人になって10年以上経っている人や、結婚して子どもがいて毎月10万円を捻出することが難しい人もいるかもしれません。だから毎月10万円でなくても構いません。

あなたが何を目指すかによって、毎月の積立額は変わってきます。億万長者になってアーリーリタイアするのではなく、定年までに○千万円貯めるという目標を設定して、それを目指してもいいと思います。そして、仮にあなたがすでに50代だったとしても、人生100年と考えれば、今からでもまったく遅くないと僕は思います。いろいろとおすすめの方法を紹介していますので、是非最後までゆっくり読んでいただければと思います。

僕の個人的な希望ですが、この書籍を読んでお金にまつわる将来の不安を解消してほしいのは、毎月頑張っているのに給料が上がらない人です。

なぜなら、節約ができて給与から余った金額のほとんどのお金を世界経済に預けることを怖がりさえしなければ、あとは自動でお金が増える仕組みを作って高い確率でお金の不安がなくなることを証明できると思うからです。むしろ給料が上がり続けている人には、頑張ってほしくないかもしれません（笑）。

だって、年収が少ないだけで、夢や目標、ましてや結婚まであきらめるなんてもったいないじゃないですか。給料の額が、その人の価値じゃない！　仮に給料の額が人の価値ならば、僕の価値は新入社員と何も変わらないことになってしまいます。確かに、僕は給料を稼ぐ上では能力の低いダメリーマンかもしれません。おまけに投資のセンスもありません。

それでも、稼いでる額がその人の価値みたいに思われるのは、すこし違うように思うのです。

ただ、仕事を頑張っているだけでは、右肩上がりに給料が上がらないこの時代、入った会社やその人のいる境遇の違いで、稼げる額は大きく異なります。

だからこそ、僕と同じような葛藤を抱いている人に、この「節約」と「投資信託の積立運用」を実践して、「会社が下した評価＝自分の価値」ではないと自信を取り戻してほしいのです。頑張っても給料の上がらないあなたに、僕は次のメッセージを送ります。

さぁ、僕と一緒に立ち上がろう！　手取り25万円以下のあなた！（笑）

さて、この「投資信託の積立運用」の良い点は、普段は投資のことを意識しなくて良い点にあります。それは、お金が増えた、減ったというメンタルを左右されがちな投資の世界において、大きなメリットを与えてくれます。

この方法で無意識に投資をしてなかったら、僕は1億円を貯めることはできなかったでしょう。なぜなら、僕が投資を始めたのは就職して1年目、２００７年の8月から。

そう。リーマンショックと呼ばれる、世界経済が非常に厳しくなり始めていた時期だったのです。

投資を始めた直後、僕の資産額はどんどん減少していった

僕が投資信託の積立運用を始めたのは就職して1年目、２００７年の8月でした。

投資信託の積立運用についての説明を、簡単なたとえで説明します。

投資信託というのは、金融商品の福袋セットみたいなものです。日本にその福袋は６０００種類くらいあるのですが（２０２０年3月現在）、一つ一つに説明書がついていて、中身がどういうものかわかるようになっています。中身というのは、日本株だけとか、外国債券だけとか、不動産系の株だけとか、全部ミックスとか……バラエティー豊かに色んな種類があります。

僕たち投資家は、その説明書を見て自分が気に入った福袋を購入するだけで、中身の管理はプロが行ってくれます。福袋は、中身の金融商品の価値が上がれば値上がりし、価値が下がれば値下がりします。販売中止にならない限り、同じ福袋を何度でも購入することができるし、金額分を指定して購入することもできます。

たとえばその福袋が、一つ2・2万円だとしたら10万円分購入しようとすると、端数が出ますが、４・５４個購入することができるのです。福袋の価格が変わっても、毎月10万円ずつ購入し続けることができます。少し大雑把な例かもしれないけど、これが投

資信託の積立運用の基本です。

僕は、福袋の中身が世界中の株と債券と不動産で構成されている投資信託を毎月10万円ずつ購入し続けることにしたのですが……。


ちょうどその頃の世界経済は、リーマンショックという不況の直前で、世界中の株も不動産の価値も大きく下がり続けていました。この未曾有の世界同時不況は2012年まで約5年間も続くのですが、その間、世の中の投資家たちは悲鳴をあげていた……らしいです。

正直、経済のことは今でもよくわかっていません。リーマンショックの仕組みを説明しろと言われてもできません。経済ニュースで日々伝えられる情報もあまり理解していません（そもそもニュース番組を観ていないので）。もちろん新聞も読みません（誇れることではありませんが……）。

会社からは日経新聞の購読を勧められますが、仕事には必要性を感じないし、何より手取り22万円の僕にとって、毎日の180円すらもったいないと感じてしまいます。

興味を持って観ることができる経済情報は、テレビ東京の「カンブリア宮殿」と「ガイアの夜明け」くらいでしょうか（小池栄子はいつの間にあんなにデキる女になったんでしょう……結構、好きです）。

さて、話を戻しましょう。

当然、このリーマンショック不況の間、僕の資産評価額（投資成績）は下がり続けていました。

２００7年から２０１２年の5年間で、毎月約10万円ずつ、合計で７００万円くらいのお金を積立てていたにもかかわらず、僕の資産評価額は５５０万円くらいまで減っていました。普通に考えれば１５０万円の損失です。当然ですが、この時の僕の状況は、周囲にまったく理解してもらえません。

「そんなに節約して、お金を貯めてるはずなのに、なんでお金を減らしてるの？」

「それならもっと飲み会に参加しなよ」

「もっと好きなもの買ったり、遊んで使えばいいのに」

「投資なんてやめなよ。わからない人がやっても損するだけだよ」

会社の先輩、同僚、家族、僕の親しい人はみんな同じようなアドバイスをしてくれました。周囲からすれば、完全に素人が投資に失敗しているようにしか見えなかったのでしょう。さらに、当時付き合っていた彼女（後の僕の妻です）には、こう言われていました。

「そんなことしてないで普通に貯金してお金貯めればいいじゃん。損するお金があるくらいなら、もっとディズニーランドに行ったりしようよ！」

たしかに普通に考えればその通りです。

目に見える形で僕のお金が減っているので、僕のことを心配してくれるからこその、まっとうな意見だったと思います。

普段ニュースを見ない僕でも、どこかの会社が倒産したとか、デフレスパイラルという記事の見出しが嫌でも目に入ってきました。

だから僕も、まったく不安がなかったかというと、そうは言いきれません。

しかし、実を言うと……。

投資家たちが悲鳴を上げていた（らしい）この時期、
親しい人みんなが心配してくれたこの時期、
僕は、この時期、少しの不安とワクワクとした期待感をもって過ごしていたのでした。

それは次ページのように考えていたからです。

いつ成長するかわからないから、いつも投資する

みなさんは左のような図を見たことはありませんか？

中学の先生が教えてくれた景気サイクル

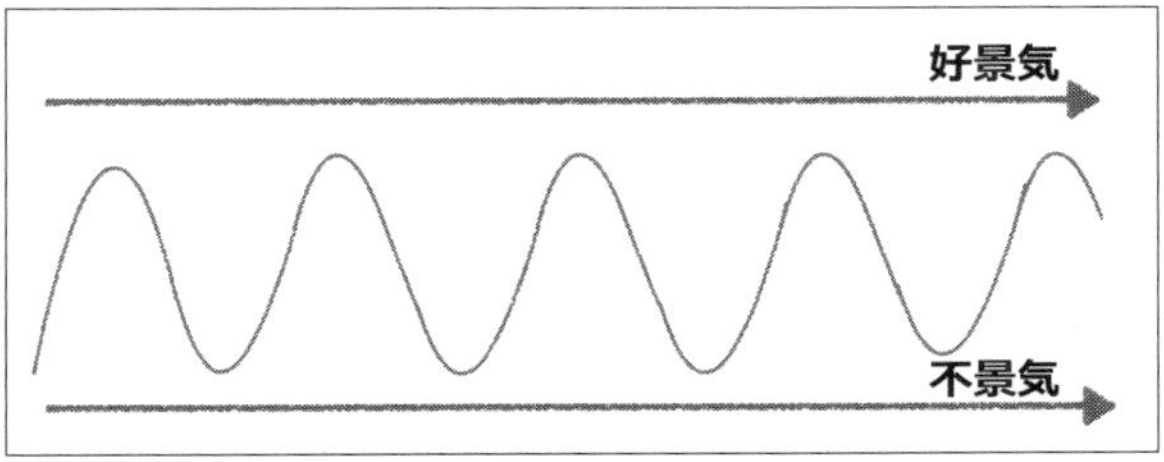

僕の記憶が確かであれば、中学時代の社会の授業で習った景気サイクルの図です。当時先生が、黒板に波の図を書きながら、次のように言っていました。

「景気は良い時もあれば、悪い時もある」

「この山と谷を越えて次の山になるまで、だいたい10年くらいの周期があるんだ」

世界経済への投資をしている僕にとっては、中学時代のこの教えだけで充分でした。

景気は上がる時もあれば、もちろん下がる時もあるということを理解しておけば、世の投資家が悲鳴をあげてたリーマンショック不況もまったく問題ないはずです。

投資をする人にとって一番怖いのは、自分が運用しているお金が減ることに他なりません。それは僕も同じです。せっ

かく節約して積立てた大切なお金が減るなんて考えたくもないし、減るくらいなら投資なんかしたくありません。

でも、経済には景気というものがあって、景気にはサイクルが存在する。

いつ下がるかわからないから、みんな恐がって投資をしないのであって、「長期的に見れば、世界経済は成長する！」という確信があった僕は、「今はお買い得の時期にちがいない」と、少しの不安とワクワクした期待感を持てていたのでした。

逆に考えると、いつの時点でも、絶対に右肩上がりするのであれば、世の中には経済評論家も池上彰さんも必要ないでしょう。

結果から見れば、僕が行っていた「毎月10万円を積立てる」という投資法は、リーマンショックのような未曾有の大不況に対して、もっとも効果的な投資法でした。

いつ成長するかわからないから、毎月同じ金額をずっと積立投資するという僕が選んだ投資法は、ドルコスト平均法と呼ばれています。

初心者向けのドルコスト平均法

定期的に一定額で同じ金融商品を購入し続けるという、とてもシンプルかつ簡単な投資法のことを「ドルコスト平均法」といいます（投資信託の初心者向けの本になら必ず書いてある投資法なので、僕が発見したわけではありません）。

この投資法の良い点は、毎月一定額を投資するのだから、自動で購入する設定だけしておけば、今、自分が購入している商品（投資信託）の価格がいくらかを気にしなくていいことです。

毎月、一定額を積立貯金するのとまったく同じ感覚です。

そして、購入する商品が安くなっている時はたくさん購入でき、高い時は少ししか購入できないという理にかなった方法でもあります。

僕が購入していた「世界経済に分散された金融商品の福袋」の値段が下がり続けているということは、その商品を割安でたくさん買えているということになります。

投資信託を購入し始めた2007年に比べると、2012年には僕が購入していた商品は半値近くまで落ちていたので、その時期も毎月のように購入するということは、50%値引きで売られているバーゲン・セールにずっと購入していたようなものです。

僕の積立合計額と資産評価額推移

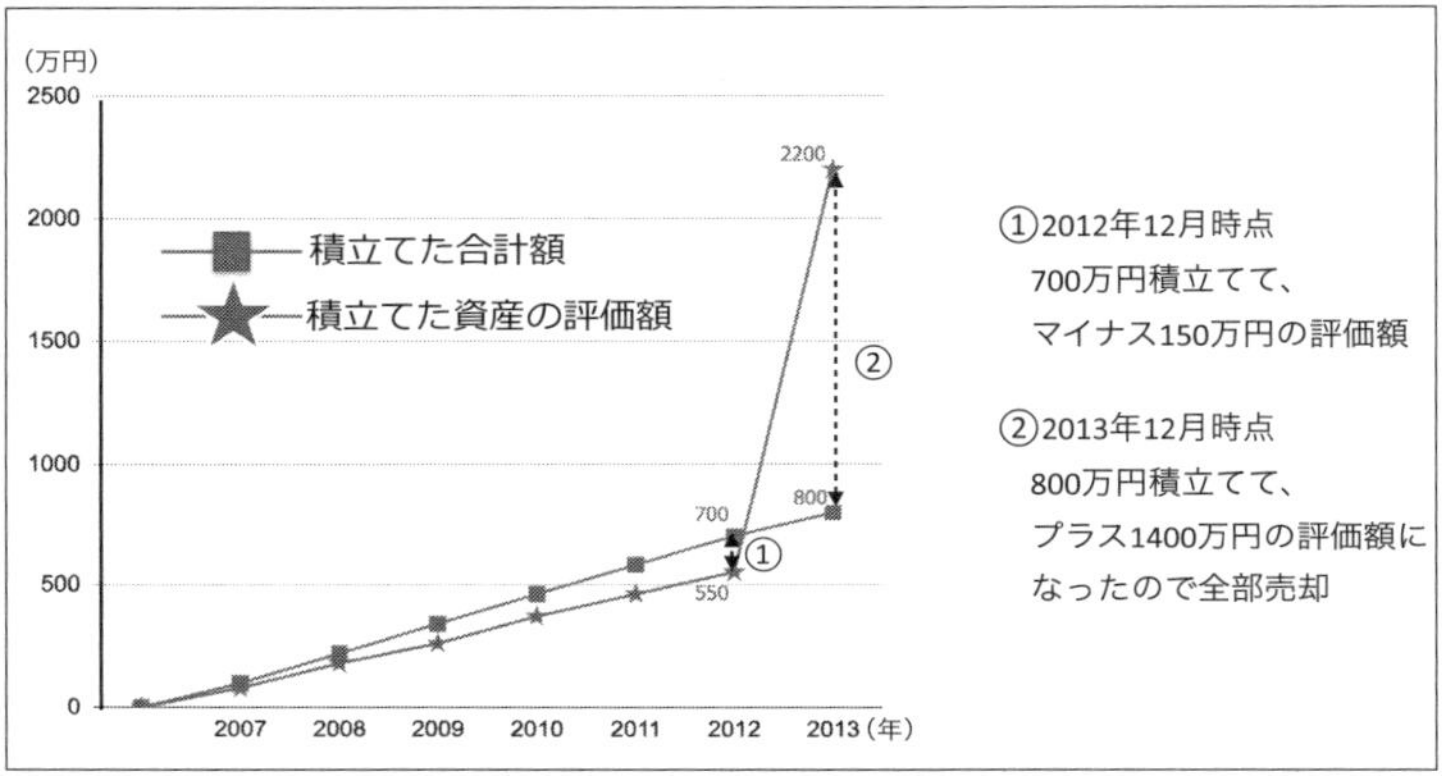

しかも、バーゲン・セール品にありがちな、賞味期限切れ間近、型落ち品、キズモノというワケではありません。

ただ50%オフなのです。むしろ、それはその時だけの限定特価。

これを買わない手はありません（当時は誰も賛同してくれませんでしたが……）。

僕の「世界経済は成長する」という仮説が当たっているのであれば、いつか絶対に商品価格は上がるはず！（正確には僕ではなくゴールドマン・サックス社の仮説です）

そして、この商品は60%オフになるかもしれないし、70%オフになるかもしれません。逆にいつ定価に戻り、さらなる値上がりをするかも誰にもわかりません。

だからこそ、辛抱強く毎月一定額を購入し続けていたのです。

マイナス150万円の評価額は確かにその時点では損失だったけど、運用に失敗したわけじゃありません。

30年後に億万長者になることを見据えているのであれば、すぐに手元にお金が必要なわけではなかったので、じっと大人しく購入&保有し続けていました。

結果、その後訪れる世界同時株高によって、僕は2013年までの6年間で800万円というお金を積立て、投資信託の資産評価額は2000万円を超えるくらいまで増えたので、そこで初めて、それまで購入し続けた投資信託を全て売却（現金化）して、成功といえる運用ができたのでした。

つまり、20%~50%オフのバーゲン・セールは約5年間続き、その後、投資信託の価格が買い始めた時の40%増しくらいの値段になったので、高値で全て売ったというわけです。

こうして、僕の資産は2013年に2000万円を超えたのでした。

底値で買えばもっと儲かるという幻想は資産運用の落とし穴

ドルコスト平均法の良さをアピールすると、すでに投資をしている人からはこんな意見を聞くことがあります。

「景気が下がっている時にも買い続けるなんてもったいない。景気が下がっている時は投資をせずにお金を貯め続けて、底値になったら一括で買う方がたくさん儲かるに決まってる」

「景気が上がっている時に、ちょっとずつしか買わないなんてもったいない。景気が上がっている時に、もしも一括で購入できるお金があるなら、一気につぎ込んで購入し、景気が上がりきった時に売り抜ける方がたくさん儲かるに決まってる」

確かに、その通りなんですが、僕はこれを実践し成果をあげている投資家を知りません。まったくいないとは思いませんが、これができるのはごく一握りの投資のセンスがある人だけでしょう。

景気の予想は専門家でも外すもので、素人が底値や高値を予測できるものではありません。リーマンショックの時、底値で買おうとしても、いつが底値だったかなんていうことは、振り返ってみて初めてわかるものだったと思います。

「底値は無理でも、しばらく上向いてからなら購入できるだろう」と考える人もいるかもしれません。

でも、チャート（ここでは購入したい商品の価格推移グラフを指します）というのは生きているみたいに意地悪なんです。上向いているからといっても、きれいな直線ではなく、うねうねと上昇し、時には急落することもあります。まるで、投資家の「もっと儲けたい」という気持ちを知った上で、嘲笑うかのような値動きをするのです。

すると、どうでしょう？「やっぱりまた下がるのかも？」という迷いが生じます。

さらには、今後の景気が上がるのか下がるのかを予想しだすと、今まで気にもしていなかった色んな情報が入ってくるようになります。

「これから景気はどんどん悪くなるらしい。あの日の急落はその予兆だ」

「あっちの商品のほうが儲かるらしい」

「今がチャンス。いや、今は買わないほうがいい」

たくさんのお金を儲けたいと思っている人ほど、情報感度が高まります。

それでも、入ってくる情報は正しいとは限りませんし、何度も言うように経済評論家でも予想は外すのです。さらにはSNSの色んなコメントのせいで、本業が手につかなくなってしまうこともあるでしょう。

結果、情報に踊らされて損をしてしまったり、いつまでたっても世界経済にお金を預けられなくなってしまうのです。

僕は本書をきっかけにして投資を始める人には、投資をすることでの精神的負荷をかけたくありません。デイトレードの時に、僕自身が嫌というほど思い知った経験をみなさんにしてほしくはないのです。

機械的に、毎月一定額を積立て続けるということは、そんな精神的負荷をかけることなく、バーゲン・セール期間中にしっかりと大量買いし、高い時は少ししか買わないという選択がとれるようになるので、結果としてたくさんの利益をもたらしてくれるものだと僕は思います。

そして、不謹慎かもしれませんが、リーマンショックのような出来事がまた起こってほしいと思ったりもしています。だって、僕のような投資のセンスがない人間でも、毎月一定額を投資していることで、お金が爆発的に増えるという魔力を知ってしまったのだから。

どこが成長するかわからないから、全部に投資する

さて、人によっては、それでもやはり、もっと効率よくお金を増やしたいと考える人もいるかもしれません。人口増加が根拠なら、今後も人口が増えそうなインドとかインドネシアだけに一点投資した方が、リターンが大きいと考える人もいるでしょう。

でも、投資の話はそう単純でもないのです。

「全ての卵を一つのカゴに盛るな」

投資の世界における有名な格言です。卵を一つのカゴに盛ると、そのカゴを落とした場合には、全部の卵が割れてしまうかもしれません。でも、複数のカゴに分けて卵を盛っておけば、そのうちの一つのカゴを落として、カゴの卵が割れてしまったとしても、他のカゴの卵は影響を受けずにすみます。

つまり、あなたの大事な資産（卵）を一つの会社、一つの国、一つのエリアだけに預けてしまうと、予期せぬ人災、天災、突然の国家施策、通貨の暴落などで取り返しのつかない事態（卵が割れてしまう）になってしまうかもしれないということです。

近い将来、中国が米国を抜いてＧＤＰ世界１位になるといわれていても、皆が皆、中国にお金を預けない理由の一つだと思います。

2050年まで世界の人口は必ず増え続ける（66億人→96億人）

2050年まで世界のGDPも増える見込み（47兆ドル→250兆ドル）

そんな確信を持っていても、世界経済は一直線に右肩上がりするわけではなく、さらには、1ヶ所にお金を投資すると最悪の場合、資産を一気に失うこともある。それが投資の怖いところでもあります。

だから、毎月一定額、時期を分けて世界に分散して投資し続けるのです。

僕は2007年から毎月10万円ずつ世界経済に投資し続けました。

2013年までに投資した800万円くらいのお金は、2013年に2200万円以上になったのでその時に全て売却したのですが、その後も毎月の積立額を増やして積立運用を続けています（この部分、あとで紹介するのでよく覚えておいてください）。

2013年から2019年までの期間、世界の景気は不安定ながらも上昇していたように感じます（振り返ってみて初めてわかるのですが）。

そして、2007年から2019年までトータルすると、給与収入からは1500万円くらいを預け、3600万円くらいになったので、やはり長期的に見ると、この方法は、どんどんお金が増える仕組みだと思っています（事故に遭い働けなかった期間も、積立をずっと続けることができたのは、妻の給与収入と、傷病手当金や失業手当金があったおかげです）。

ここで、もう一つ大切なことをお伝えしたいと思います。

僕は、ただ投資をしてほしいからこの方法を勧めているわけではありません。**分散投資をしないということは、一つの国、一つの会社、そして自分自身という一人の人間だけに集中投資しているのと同じく、とても危険な行為だと思うので、分散投資の大切さを知ってほしいと思っています。**

いくら、「世界的に見たら円は安泰だ」といわれていても、自分の全資産を世界では10％未満しか流通していない日本円だけで持つことはとても危険だと思います。さらには、社員持ち株制度などで、自分の資産の多くを自身が勤める会社の株に替えておくことは、もっと危険な行為だと思います。

理由は卵の理屈と同じ。

今後、人口が減り続ける島国日本に、これから先、どのような未来が待っているかは誰にもわからないし、もしも勤める会社が潰れてしまったら、最悪の場合、収入と資産を一度になくしてしまうこともあるからです。

みなさんが生きている内に、日本がハイパーインフレになったり、勤める企業が倒産したり、ＡＩに仕事を奪われたり、僕のような交通事故に遭うことは、可能性としては高くないかもしれません。

しかし、ある一つのデータがあります。昭和40年から平成30年までの約50年で、消費者物価指数は約４・２倍になりました。これは、昭和40年の１０００円と平成30年の４２００円の価値はほぼ同じであることを意味します。駄菓子屋に１００円持っていけば何でも買えると思っていた時代はとっくに終わり、僕が高校時代に毎日お世話になっていた「部活帰りのガリガリ君」ですら、今や60円では買えない時代になってしまいました。

多くのお店でキャッシュレス決済の波が押し寄せ、ついに家電量販店のビックカメラでは「仮想通貨　ビットコイン」での決済ができるようにまでなりました。

お金の価値、形態は確実に変わってきているので、これから先どうなるかはやっぱりわかりません。

どこが成長するかわからないから全てに投資することは、どこが危険かわからないから色んな所に資産を分散しておくことと同じです。

だから、みなさんも日本円だけを持つのではなく、世界経済に分散しておいてほしいのです。そうすれば、お金は勝手に増えていきます。

それでは、次項から世界経済にお金を預けるために、どういうやり方で、どんな商品に投資すれば良いのか具体的な実践方法をお伝えしていきます。

投資信託の購入に立ちはだかる「4つの壁」とは

みなさんにお伝えしたい方法ですが、それを実践するには「4つの壁」があり、守っていただきたい「3つのルール」があります。まずはその壁を取り除くべく、この方法の詳しい実践方法について解説していきます。

僕は、みなさんに「世界経済の成長に合わせて成長する投資信託」を購入するべきだとお伝えしましたが、何をどうしたらいいのかわからない方も大勢いると思います。

この説明だけで購入できるという強者《つわもの》もいるかもしれませんが、そもそも証券口座を開設したことがない人には、この説明だけで投資信託の購入をしようとすると、「4つの壁」が大きく立ちはだかります。

1、どの証券口座を選べば良いのかわからない【口座開設の壁】
2、証券口座にお金を入れるという【入金の壁】
3、どの商品を選べば良いのかわからない【商品選択の壁】
4、どうやって購入すれば良いのかわからない【注文の壁】

投資初心者はこの「4つの壁」の手前で、挫折してしまうことが多いので、どうすれば良いかを先にお伝えしますね。

1、SBI証券の口座を開設する↓p90
2、その証券口座にお金を入金する（入金する仕組みを作る）↓p96
3、「三井住友TAM-世界経済インデックスファンド」を選択する↓p100
4、毎月○万円ずつ購入する↓p102

以上です。これだけが正解というわけではないですが、迷って行動できないなら何も考えずに真似するのもアリだと思います。

シンプルに伝えるとこの四つのステップのとおりです。できる人はこのまま実践していただいて構いませんが、頭の中が「???」の人のために、もう少し細かくお伝えしていきます。

1、SBI証券の口座を開設する

なぜ数十社ある証券会社の中からSBI証券を選んでいるかというと、僕が普段使っていて説明しやすいというのもあるのですが、「ネット証券　ランキング」と検索して第1位にランキングされているので初心者にも使いやすいだろうという単純な理由です。証券会社は色んなサイトで比較されているので、必ずしも全てのサイトでSBI証券が1位というわけではありませんが、手数料や取扱っている投資信託の種類、サイトの使いやすさなどの総合点で比較され、どのサイトでもSBI証券が上位であることは間違いありません（念のため言いますが、僕はSBI証券からは一銭ももらっていません）。

僕が初めて取引を開始したのは2007年ですが、その時から1位だったと思いますし、使用していて不便も感じません。もちろん、こだわりがある人は別の会社でも構いませんが、ネット取引ができる証券会社をおすすめします。

ちなみに、証券口座と銀行口座の違いについても少しだけ補足すると、証券口座は株や投資信託などの金融商品を購入するための口座で、銀行口座とは違い、給与振込口座に指定したり、公共料金の自動引き落としなどには対応していません。

証券口座にお金を預けたからって、勝手に取引されてしまうようなことはなく、お金が減ることもありません。そして、仮に証券会社が倒産しても、そこに預けているお金は信託保全といって、しっかり補償されるので倒産の心配もしなくて大丈夫です。

「証券口座を開設する＆入金する」という行為は、「新たに銀行口座を開設して預金する」ということと同じ感覚で良いかと思います。

でも初めて証券口座を開設するって、誰でも怖いですよね。

しかし、お金の不安をなくすための行動でもあるので、少し勇気を出してみましょう。

さて、完全に不安が払拭されることは難しいかもしれませんが、インターネットの検索画面で「ＳＢＩ証券　口座開設」と入力してみましょう。【口座開設はこちら】ボタンがあるはずなので、そこから先は案内に沿って口座開設してみてください。

そして、口座開設をする上では、以下の三つの選択を求められます。

・一般口座
・特定口座（源泉なし）
・特定口座（源泉あり）

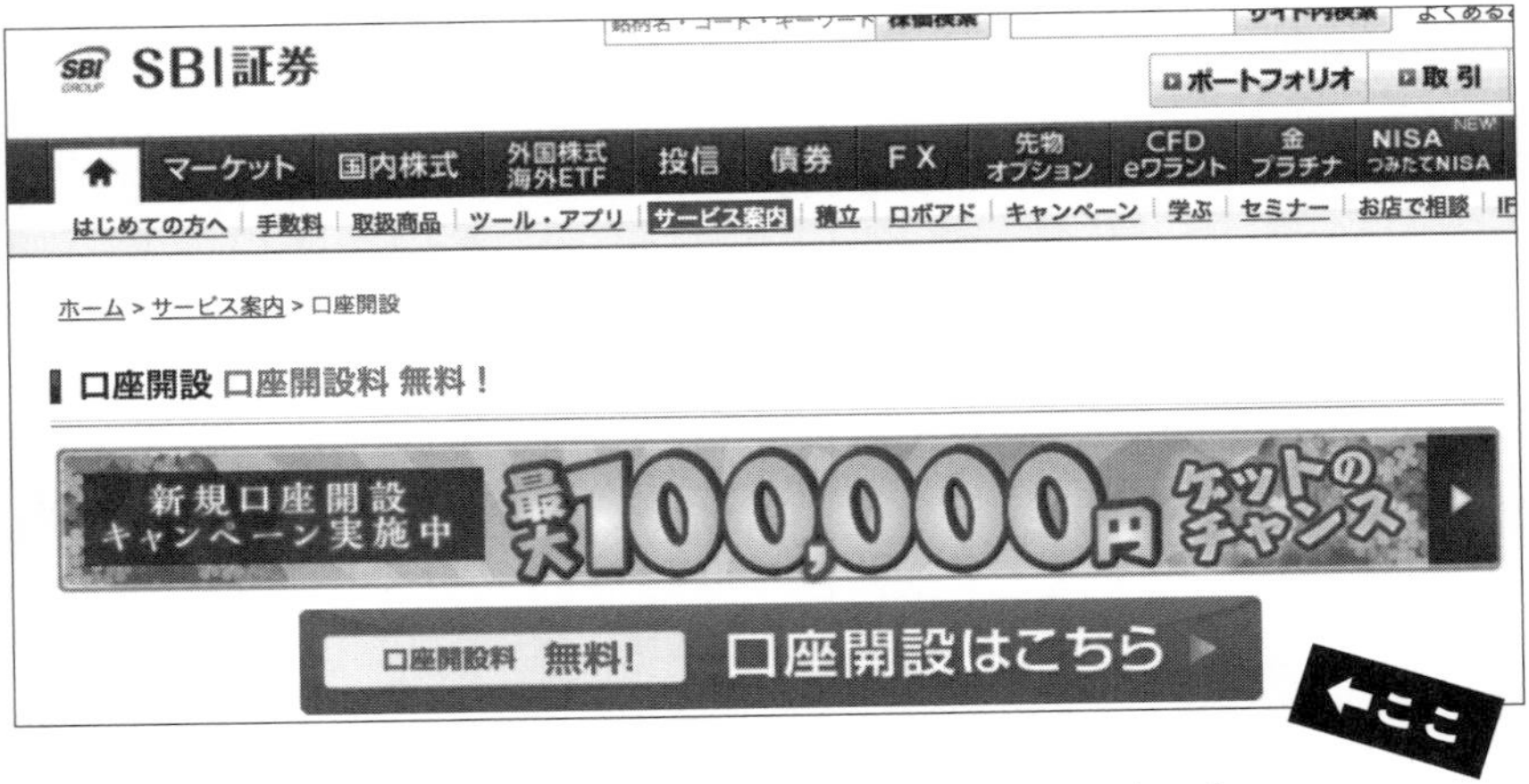

ここでは「特定口座（源泉あり）」を選ぶようにしましょう。これを選択することで、確定申告の手間が省けるようになります。その他、住所や勤務先情報だけでなく、マイナンバーを求められたりしますが手順に沿って入力していけば問題ありません。

1週間もかからずに口座開設できると思います。

※口座開設後、自宅に、ログインIDとログインパスワードと取引パスワードが記載された郵便物が届きます。何度も使うので必ず忘れないようにしてください（口座開設後に自分が覚えやすいIDとパスワードに変更可能です）。

さて、口座開設にはもう一つ、理解してほしいことがあります。

それは、「NISA口座」についてです。

「NISA口座」がどういうものかわからなくても、

ＣＭやニュースでその言葉だけは聞いたことがある人も結構多いと思います。さらには、「非課税でお得」とか「初心者におすすめ」とかで、とりあえず「ＮＩＳＡ口座」でしょ、と思っている方も多いでしょう。

たしかに「ＮＩＳＡ」は、日本政府が個人の投資を後押しするために、２０１４年から始めた税制優遇制度で、「ＮＩＳＡ口座」を開設すると、年間１２０万円までの範囲で購入した株や投資信託から得られる利益が、非課税になり税金がかからなくなります（ＮＩＳＡ口座以外では利益に対して一律約20%の税金がかかります）。

一見、お得な制度なのですが、「ＮＩＳＡ口座」は、使い方によっては不便になってしまう落とし穴もあります。

落とし穴の事例を紹介すると、「ＮＩＳＡ口座」を利用して最初の5年間は損失が続き6年目以降で商品が値上がりして利益が出た場合、最初から通常口座を使っていた場合よりも多くの税金を払わなければいけなくなることがあるというケースです。まさに２００７年から始めた僕のケースです。うまく仕組みを理解していればこの落とし穴を回避することもできるのですが……。

なんだかややこしいですよね。

もし仕組みを理解するのが難しそうと思ったら、あえて「ＮＩＳＡ口座」を利用しなくても大丈夫です！

僕が投資信託の積立運用を始めた２００７年には存在もしなかった制度なので、当然僕は「ＮＩＳＡ口座」での取引をしていませんでしたし、それでも問題なくお金を増やすことができています。

だからもし、仕組みが理解できなくて不安という方は、無理に「ＮＩＳＡ口座」を開設する必要はありません。「ＮＩＳＡ口座」は、２０２３年までであれば、いつからでも開設できるので、あとでじっくり勉強してからでも遅くないと思います。

まずは、わかりやすい通常口座で【口座開設の壁】を突破することの方が大事です。

「せっかく儲かっても20％も税金がかかるのはもったいない」という人もいますが、これは投資の世界だけではありません。気づいていない人もいますが、預貯金の利息に対しても約20％の税金が引かれています（もし知らないという人は、毎月発生しているはずなので、ご自身の銀行口座の入出金明細や預金通帳を確認してみてください）。利益に対しては課税されることが基本の世の中なので、「ＮＩＳＡ」の方が特別な制度だということを知っておいてください。

準備ができてから読んでほしい残り「3つの壁」の越え方

さて、この本の中でこのパートだけは、実際に証券口座のログインページを開いて読み進めてほしいと思います。なぜなら、このパートは投資信託の購入手順書だからです。左記の準備ができた時に、読んでもらう形のほうがいいと思います。

・証券口座が開設してある
・手元に証券口座のログイン用のIDとパスワードが記載された用紙がある
・インターネットバンクのログイン用のIDとパスワードが記載された用紙がある
・毎月○万円購入するという、精神的、金銭的な準備ができている
※金銭的準備とは、毎月一定額を引き落としても資金がマイナスにならないという意味です。

準備できていない人は、とりあえずこのパートは飛ばしておいて、実際に購入手続きを進める時に読んでいただいてもいいかもしれないですね。P110に飛んでしまいましょう。

2、証券口座に入金する

2-1 SBI証券のページでユーザーネームとパスワードを入力してマイページにログインします。

2-2 ページ内の上のタブの【入出金・振替】ボタンをクリックします。

2-3 証券口座と同じ名義のネットバンクから、入金をします。親族や配偶者の名義の口座から入金しようとしても入金拒否されてしまいますので注意してください（僕はSBI証券との連動性が高いので、住信SBIネット銀行を利用していますが、どこでも大きな差はありません）。

2-4 振込金額とSBI証券の取引パスワードを入力し、【振込指示確認】ボタンをクリックします。
(例として20万円を振り込む作業をしています)

住信SBIネット銀行「即時決済サービス」／振込指示

お振込の際は、必ずご本人様名義でお振込ください。

金融機関名	住信SBIネット銀行		
振込金額	200000 円	振込限度額	1億円未満/回（1,000円以上）
振込手数料	0円		
取引パスワード	••••••••• *SBI証券の取引パスワードをご入力ください。		

振込指示確認　戻る

2-5 内容に間違いないか確認し、【振込指示】ボタンをクリックします。

住信SBIネット銀行「即時決済サービス」／振込指示確認

振込サービスの内容をご確認ください。

金融機関名	住信SBIネット銀行
振込金額	200,000円
振込手数料	0円

「振込指示」ボタンを押下すると、住信SBIネット銀行のWEBサイトへ遷移します。
銀行のWEBサイトでは、必ず当社口座名義と同一の銀行口座名義でログインをしてお手続きください。
当社未成年口座の場合も、未成年ご本人の銀行口座名義でログインしてお手続きください。
操作の途中でブラウザの「閉じる」ボタンを押すと、入金処理が正しく行われませんのでご注意ください。

振込指示　戻る

2-6 銀行のサイトに遷移するので、銀行の「ユーザーネーム」と「WEBログインパスワード」を入力して、【ログイン】ボタンをクリックします。

住信SBIネット銀行

即時決済サービス(ログイン)

ここからは住信SBIネット銀行のWEBサイトです。ユーザーネームとログインパスワードを入力のうえ、ログインしてください。

ユーザーネーム
WEBログインパスワード ••••••••• キーボード

ログイン

2-7 銀行口座に20万円以上の出金可能資金があれば、確認画面に移るので銀行の「WEB取引パスワード」を入力して、【確定】ボタンをクリックします。

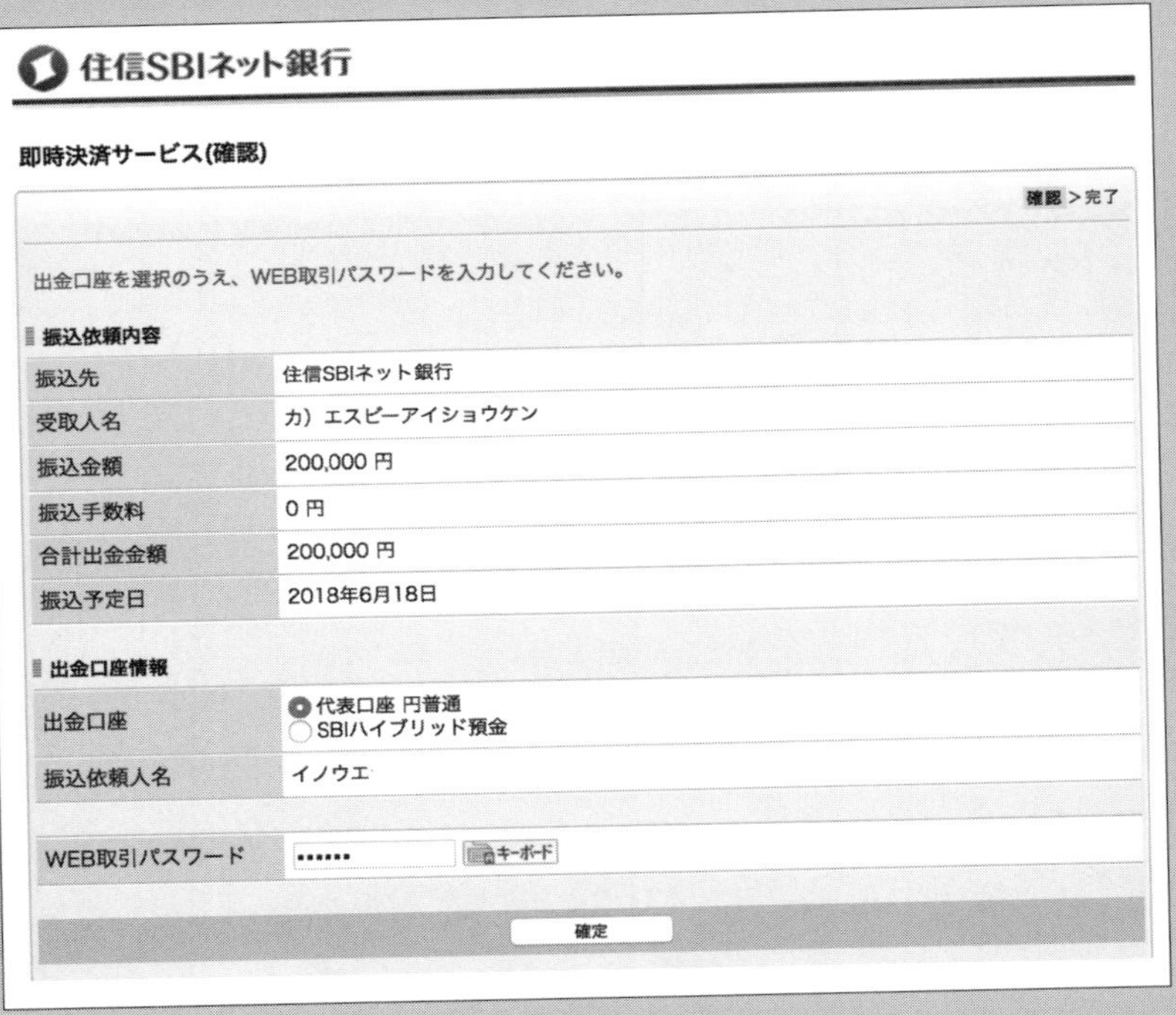

住信SBIネット銀行

即時決済サービス(確認)

確認 > 完了

出金口座を選択のうえ、WEB取引パスワードを入力してください。

振込依頼内容

振込先	住信SBIネット銀行
受取人名	カ) エスピーアイショウケン
振込金額	200,000 円
振込手数料	0 円
合計出金金額	200,000 円
振込予定日	2018年6月18日

出金口座情報

出金口座	代表口座 円普通 SBIハイブリッド預金
振込依頼人名	イノウエ

WEB取引パスワード	•••••• キーボード

確定

2-8 振込が受付けられるので、【このウィンドウを閉じる】ボタンをクリックします。

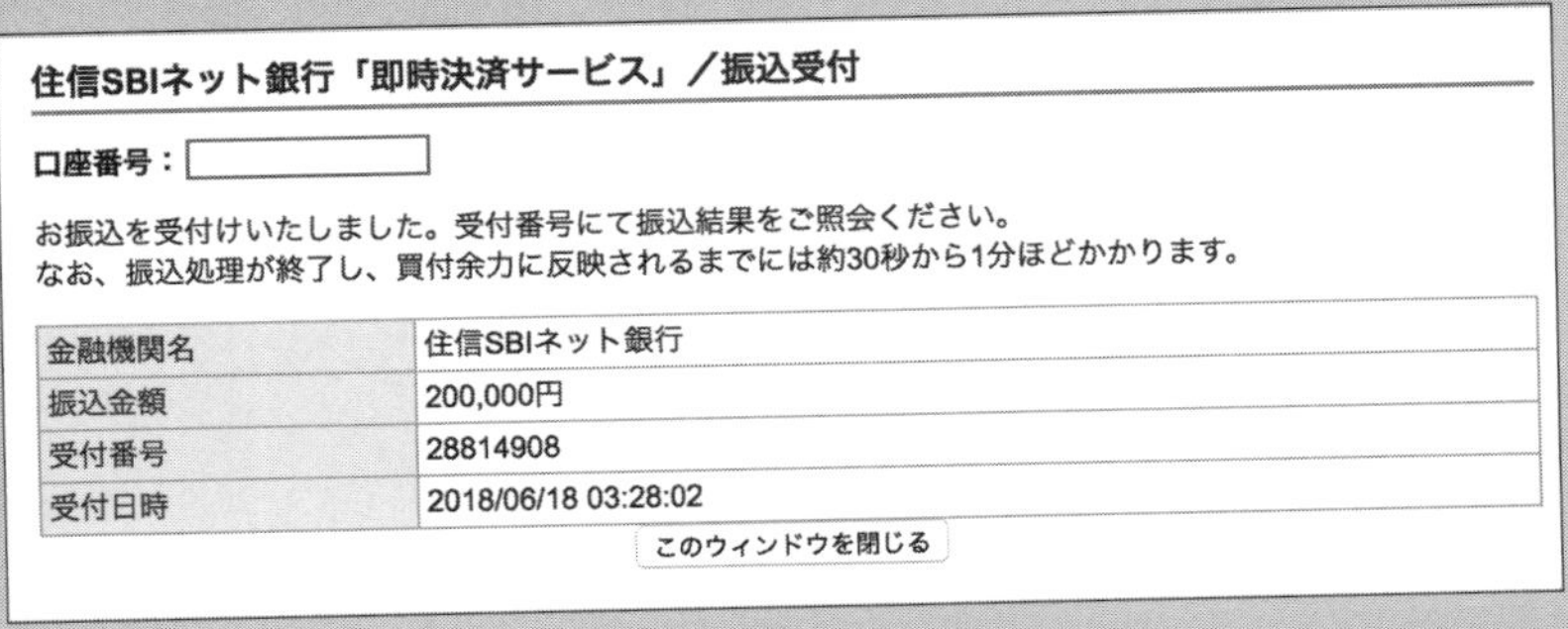

住信SBIネット銀行「即時決済サービス」／振込受付

口座番号：

お振込を受付けいたしました。受付番号にて振込結果をご照会ください。
なお、振込処理が終了し、買付余力に反映されるまでには約30秒から1分ほどかかります。

金融機関名	住信SBIネット銀行
振込金額	200,000円
受付番号	28814908
受付日時	2018/06/18 03:28:02

このウィンドウを閉じる

2-9 振込を終えて、SBI証券のマイページのトップ画面に戻ると、口座状況に振込んだお金が買付余力として反映されます。他の銀行からの振込が反映されるまでの時間はまちまちですが、国内銀行からであれば1営業日以内に反映されます。

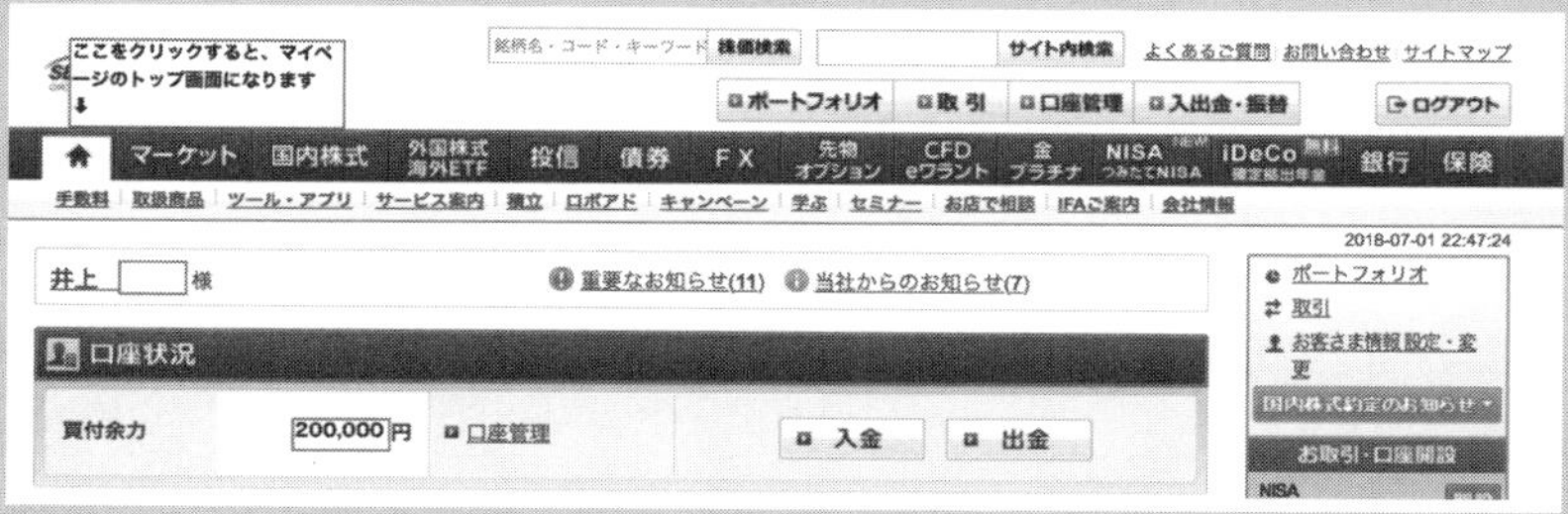

＊インターネットバンクの口座を開設していない場合、「ATMもしくは銀行窓口から振込む」という選択肢もありますが、手間、振込手数料など、今後継続的に積立運用をしていくことを考えると、ネット取引ができるインターネットバンクの口座は開設しておくことをおすすめします。

3、商品を選択する

3-1 SBI証券のページの上部で【投信】のタブをクリックします。
※投信とは投資信託の略です。

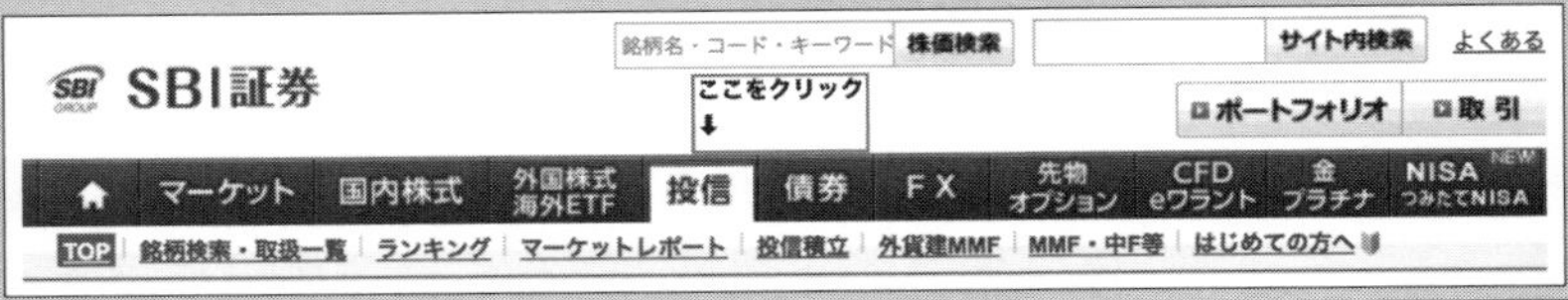

3-2 投信ページの左側の検索窓に、「三井住友TAM-世界経済インデックスファンド」と入力し、【検索】ボタンをクリックします。

3-3 三つの商品が表示されますが、(株式シフト型)とか(債券シフト型)と書いていない商品を選択して、リンクをクリックします。

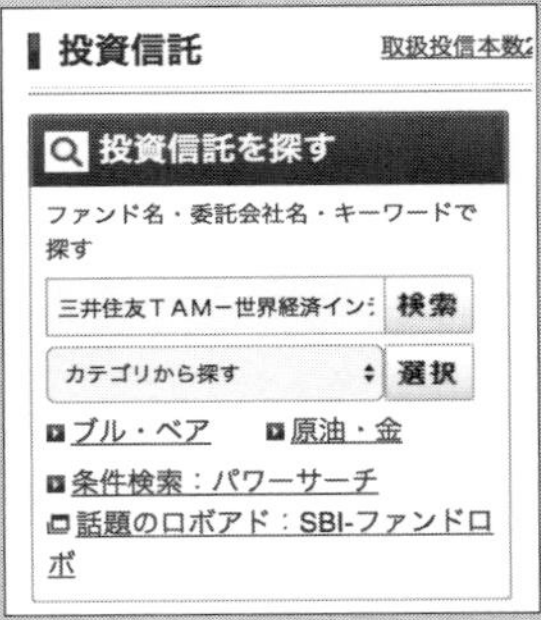

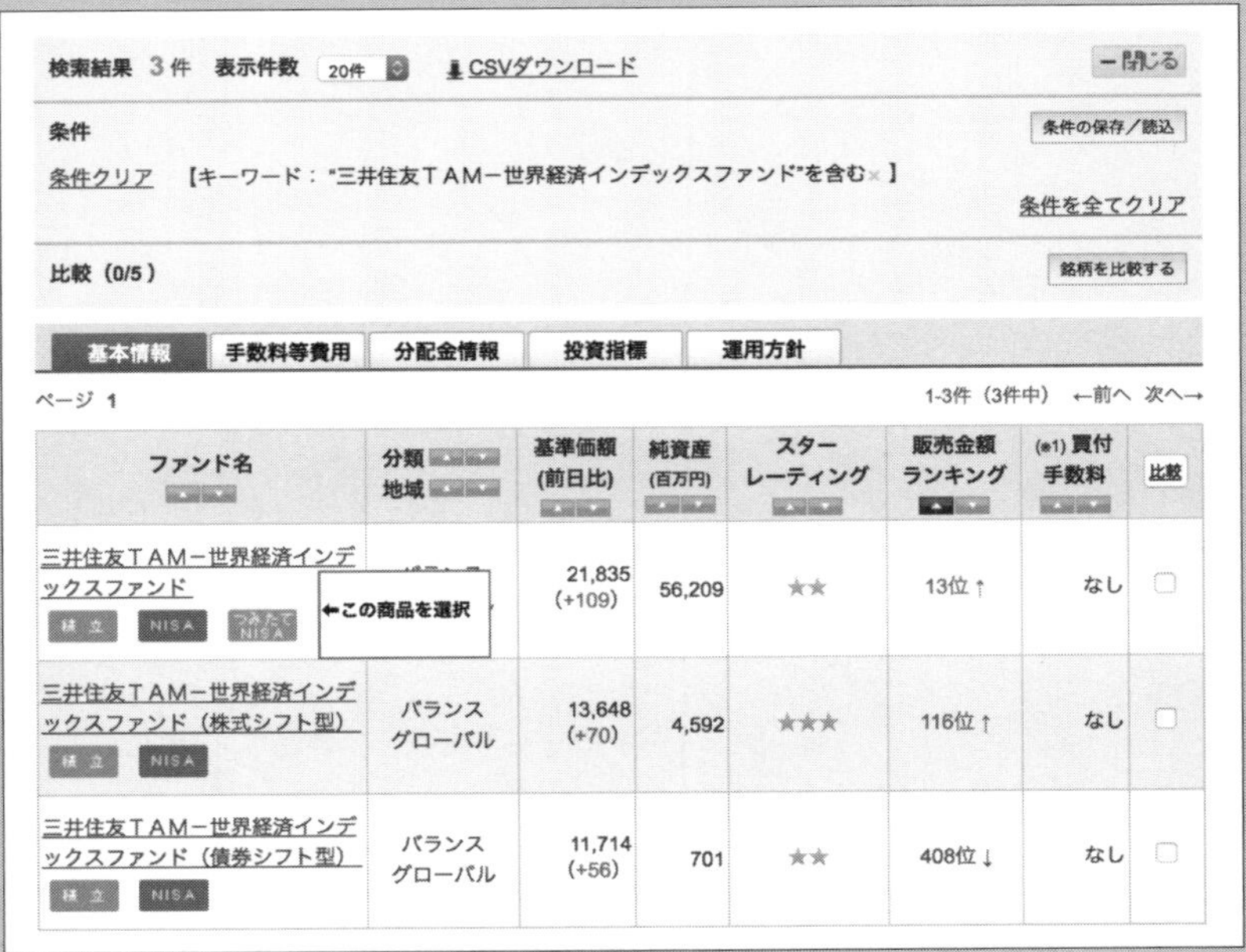

ファンド名	分類 地域	基準価額 (前日比)	純資産 (百万円)	スターレーティング	販売金額ランキング	(※1) 買付手数料	比較
三井住友TAM－世界経済インデックスファンド 積立 NISA つみたてNISA		21,835 (+109)	56,209	★★	13位↑	なし	
三井住友TAM－世界経済インデックスファンド(株式シフト型) 積立 NISA	バランス グローバル	13,648 (+70)	4,592	★★★	116位↑	なし	
三井住友TAM－世界経済インデックスファンド(債券シフト型) 積立 NISA	バランス グローバル	11,714 (+56)	701	★★	408位↓	なし	

《僕がこの商品を選択した理由とは？》

6000を超える投資信託から、なぜ僕がこの三井住友TAM-世界経済インデックスファンドを推奨したのか。それはこの投資信託の説明書（目論見書）に、世界経済全体の発展に伴って商品が成長することが記載されているからです。下記の画像をご覧ください。三井住友TAM-世界経済インデックスファンドの目論見書の、「特色２」という部分です。

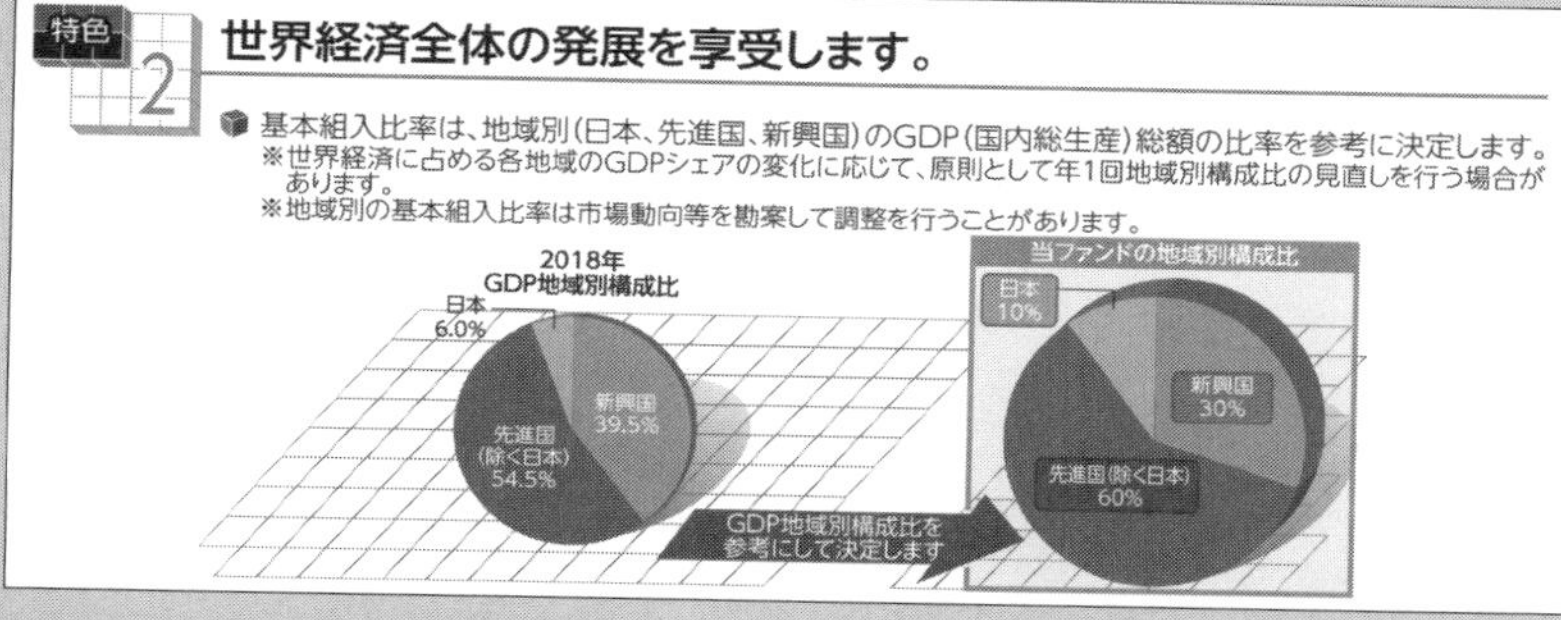

ここには、この商品は、世界各国のGDPの比率に合わせて商品の中身の株や債券を世界中に分散させて、世界経済が成長することで、商品自体が値上がりしていくということが書いてあります。

ちなみにこの商品は「たくさんあって選ぶことができない」という人のために、僕があえて1本をあげるとしたらこの商品ということで事例をあげたに過ぎません。

世界経済に分散した商品構成の投資信託は10本以上あるのですが、どれを選んでも大きな差はないでしょう。だから他の投資信託の書籍やネットで紹介されているような『投資信託はこの○本から選びなさい』的な書籍やネット記事の中から、世界経済に分散されている商品があればそれでも構わないと僕は思います（金融機関など中立的な立場でない人の推奨や、一つの国や地域に絞られていたら、その商品は違う可能性が高いです）。

株や債券の比率が異なったり、不動産（REIT）を組み込んだりと様々なタイプの商品がありますが、どの商品を選んでも、1日で商品価格が２倍になることもなければ、半額になることもありえません。

4、選択した商品を積立購入できるように注文する

4-1 商品のページで【積立買付】のボタンをクリックします。

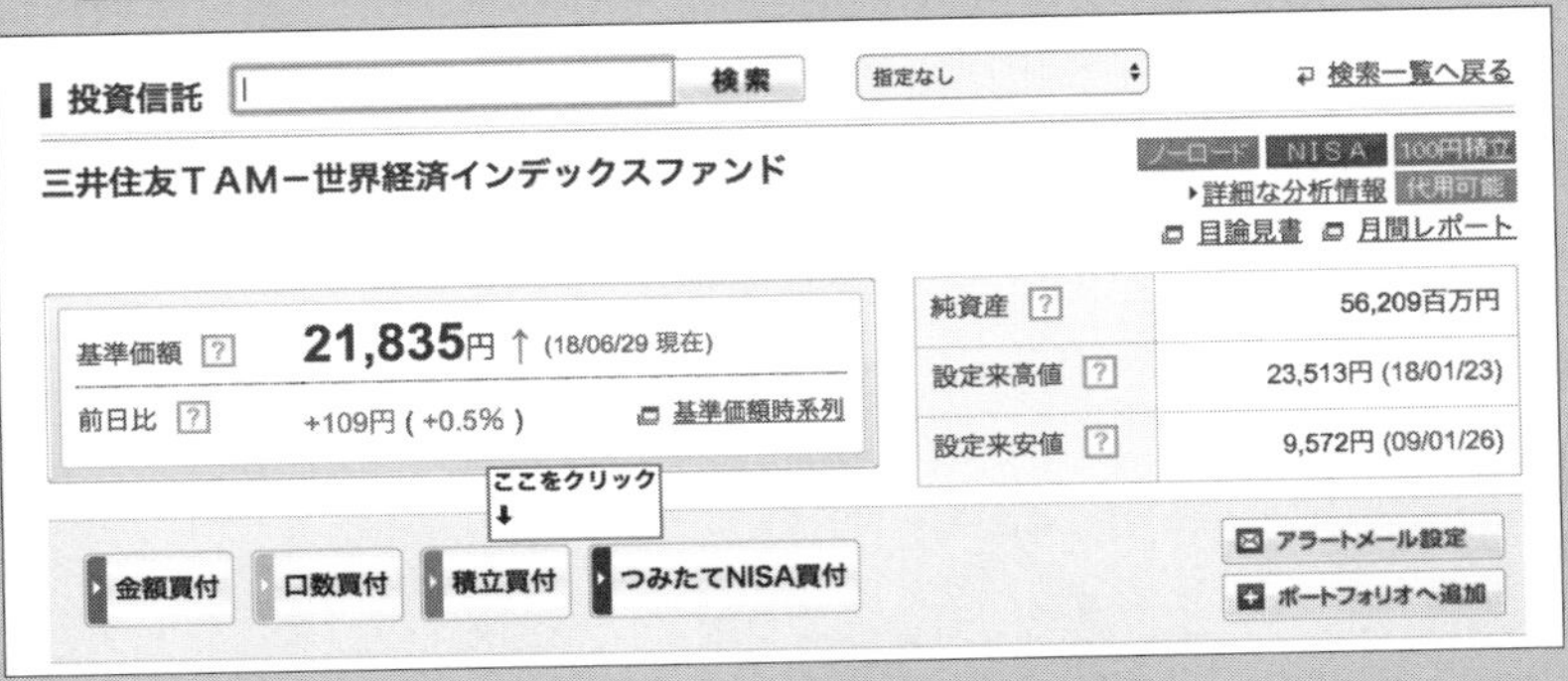

4-2 目論見書　電子書面閲覧画面になりますので、下にスクロールしていき、【同意して次へ】ボタンをクリックします。

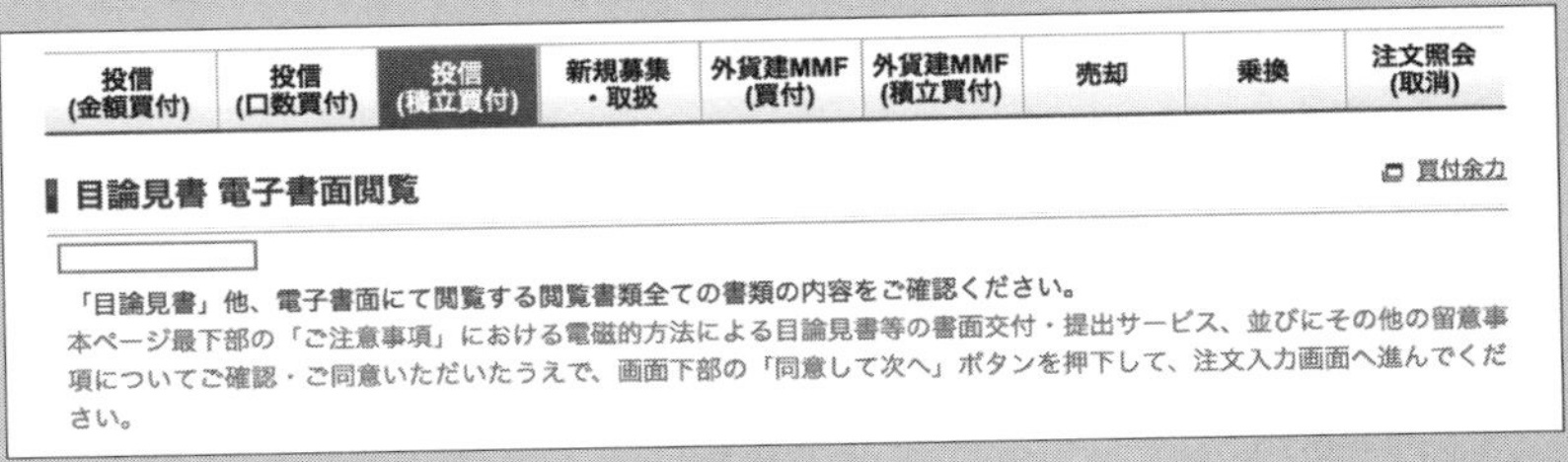

※目論見書というのは投資信託の説明書のようなものです。その投資信託（という金融商品の福袋のようなもの）にどんな商品が入っていて、どんなスタンスで運用していて、その商品のリスクやかかる手数料などについての記載があります。目論見書に記載されている内容を全て理解してからだといつまでたっても購入できないかもしれないので、しっかり理解したいという方は積立を始めてからわからないことを少しずつ調べてみる形でいいでしょう。

4-3「積立金額」と「申込設定日」、「取引パスワード」を入力して、【設定確認画面へ】ボタンをクリックします。

三井住友ＴＡＭ－世界経済インデックスファンド

基準価額 21,835 ↑ /10,000　前日比 ＋109（＋0.5％）　純資産 56,209百万円（18/06/29 現在）

最低申込金額	100円	申込単位	1円

積立コース選択

○ 毎日	毎営業日、積立買付を行います。
○ 毎週	毎週1回、お客さまが選んだ曜日に積立買付を行います。
◉ 毎月	毎月1回、お客さまが選んだ日に積立買付を行います。
○ 複数日	毎月複数回、お客さまが選んだ日ごとに積立買付を行います。
○ 隔月	2ヶ月に1回、お客さまが選んだ日に積立買付を行います。

金額・日付の設定

積立金額	毎月 100000 円（手数料・消費税含）　手数料はこちら
申込設定日	毎月 5日
1ヶ月あたりの概算	申込回数 1 回、積立金額 100,000 円

ボーナス月コース　※ボーナス月コースのみの設定はできません。

ボーナス月設定	○ 設定する　◉ 設定しない

ご注文の際には ご注意事項 を必ずご確認ください。

取引パスワード：･････････　設定確認画面へ

※自分が続けることができる金額、都合のいい日を設定してください。
例：毎月5日に10万円ずつ購入、毎月25日に5万円ずつ購入、など。

4-4 確認画面を見て、問題なければ【設定】ボタンをクリックします。

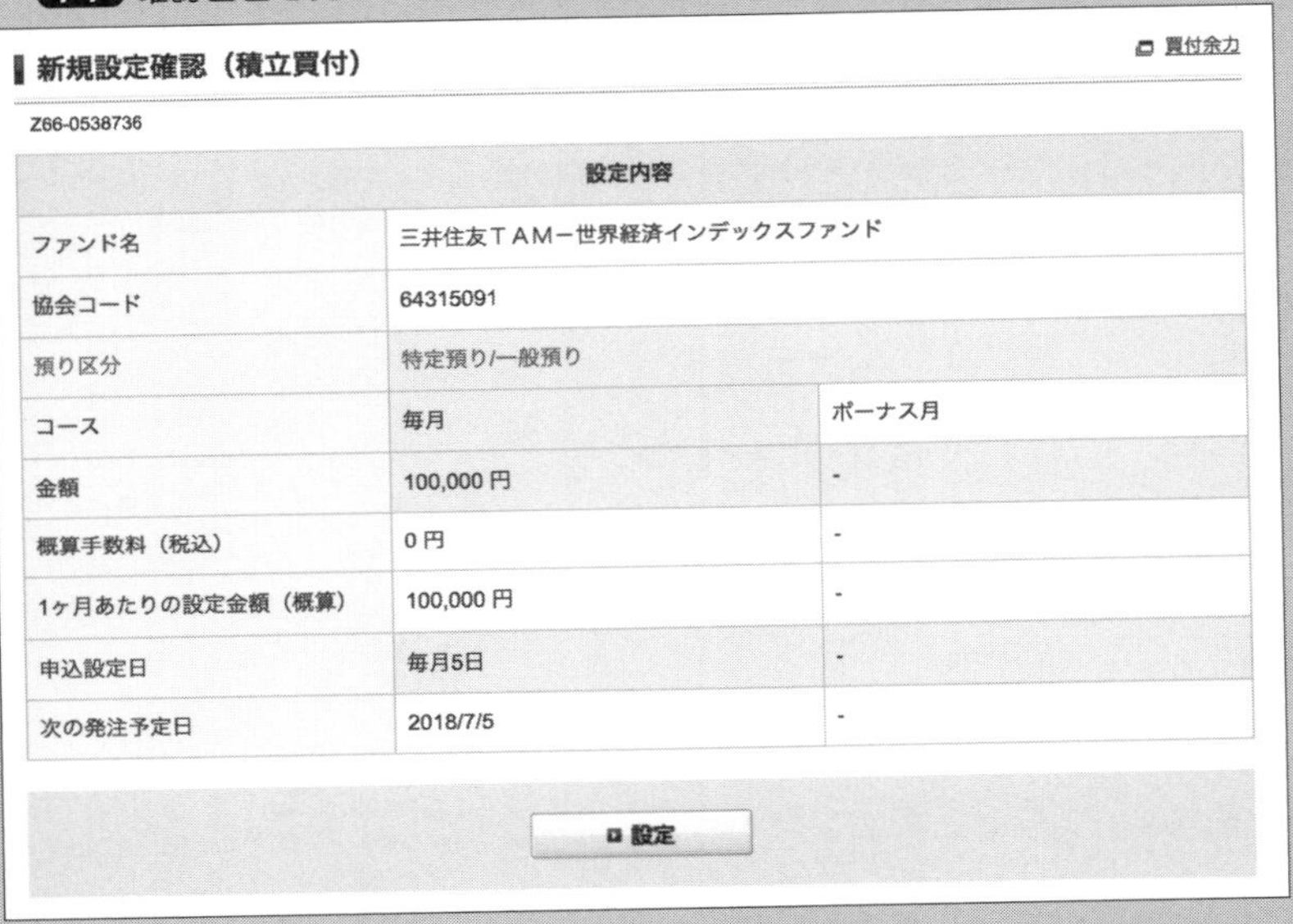

■ 新規設定確認（積立買付）

買付余力

Z66-0538736

設定内容		
ファンド名	三井住友ＴＡＭ－世界経済インデックスファンド	
協会コード	64315091	
預り区分	特定預り/一般預り	
コース	毎月	ボーナス月
金額	100,000 円	-
概算手数料（税込）	0 円	-
1ヶ月あたりの設定金額（概算）	100,000 円	-
申込設定日	毎月5日	-
次の発注予定日	2018/7/5	-

設定

4-5 注文確定です。これで毎月5日になったら、自動で指定した商品を購入してくれます（口座残高が購入額に満たない場合は、注文は執行されません）。

※発注予定時点で、口座にお金が足りない場合は、注文はキャンセル扱いとなり、その後、口座にお金を入金したとしても、その月の自動注文はできません。そして、仮に前月お金が足りなくて注文キャンセルされたとしても、翌月に2倍の金額分が注文されるようなことはありません。

※自動注文に間に合わず、遅れて証券口座にお金を入金してしまった場合は、商品のページで【金額買付】を選択して、ほぼ同様の手続きを行います。

《自分の銀行口座から証券会社に自動でお金を送る仕組み》

僕は銀行の自動引き落とし設定を利用しています。「○○銀行　自動引き落とし」とネット検索すると、銀行の自動引き落としサービスの紹介ページが見つかると思います。

証券会社の口座に入金設定をするのも簡単で、毎月○日に、○万円を自動引き落としと設定すれば、自分で振り込まなくても、勝手に振り込んでくれるようになります。

ドルコスト平均法で毎月定額の積立を行いたいなら、自動引き落としサービスはすごく便利なので、おすすめです。「あ、今月はお金を振り込むの忘れた！」ということがなくなります。

《予約注文のキャンセル&積立購入の中止をしたい場合には?》

商品を間違えてしまったり、積立を続けられなくなった時、設定した金額を変更したい場合などもあるかと思いますので、「注文変更」や「注文キャンセル」の手順もお伝えします。

投資信託の買付キャンセル手順

5-1 SBI証券のトップページ上部のタブから【取引】ボタンを選択し、その後、【投資信託】のボタンをクリックします。

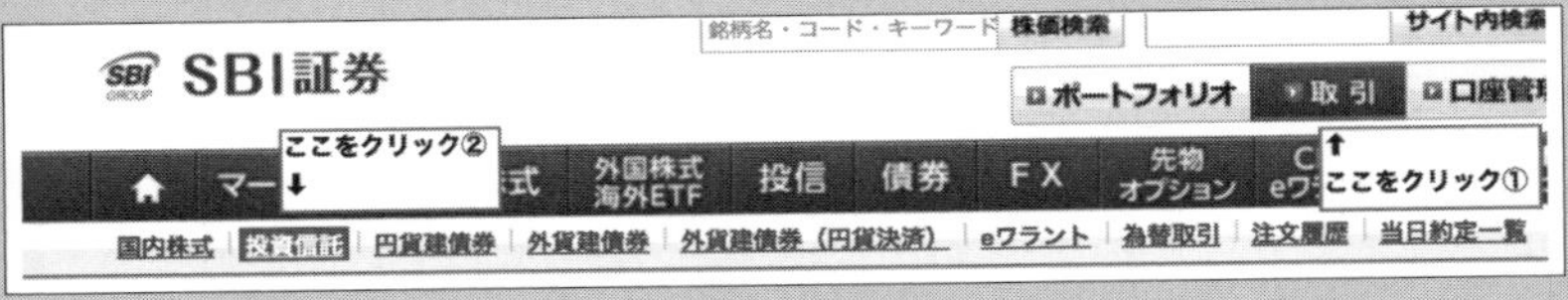

5-2【投信（積立買付)】ボタンをクリックします

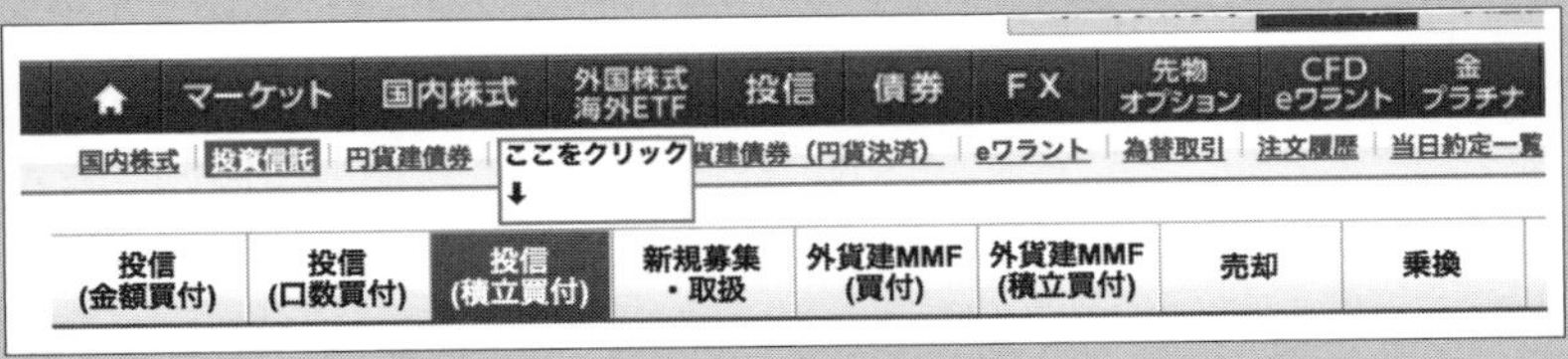

5-3 自分が積立購入の注文設定をしている商品一覧が出てくるので、【解除】か【変更】をクリック

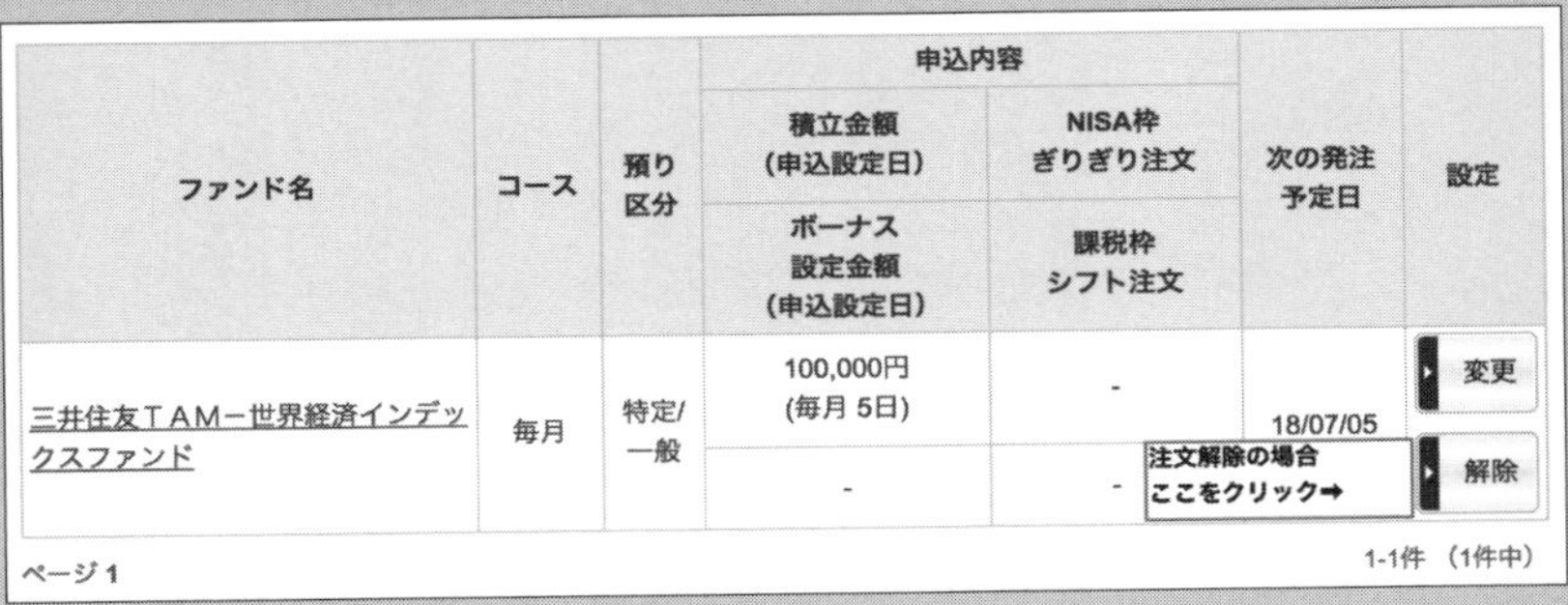

ファンド名	コース	預り区分	申込内容 積立金額(申込設定日) / ボーナス設定金額(申込設定日)	申込内容 NISA枠ぎりぎり注文 / 課税枠シフト注文	次の発注予定日	設定
三井住友TAM−世界経済インデックスファンド	毎月	特定/一般	100,000円 (毎月 5日)	-	18/07/05	変更
			-	-		解除

注文解除の場合 ここをクリック➡

ページ1　　1-1件 (1件中)

※ここでは解除を例に紹介します

5-4 「取引パスワード」を入力して【解除】ボタンをクリックします。

設定解除（積立買付）

買付余力

Z66-0538736

解除内容		
ファンド名	三井住友ＴＡＭ－世界経済インデックスファンド	
協会コード	64315091	
預り区分	特定預り/一般預り	
コース	毎月	ボーナス
金額	100,000 円	-
1ヶ月あたりの設定金額（概算）	100,000 円	-
申込設定日	毎月 5日	-
次の発注予定日	2018/7/5	-

取引パスワード ： ••••••••• 解除

解除受付画面が表示されれば、解除完了です。

設定解除受付（積立買付）

買付余力

Z66-0538736

下記の設定解除を受付いたしました。

解除内容		
ファンド名	三井住友ＴＡＭ－世界経済インデックスファンド	
協会コード	64315091	
預り区分	特定預り/一般預り	
コース	毎月	ボーナス
金額	100,000 円	-
1ヶ月あたりの設定金額（概算）	100,000 円	-
申込設定日	毎月 5日	-
次の発注予定日	2018/7/5	-

積立設定詳細へ

この手順を知っておけば、基本は問題ないですが、それでもキャンセルできない場合はSBI証券のカスタマーサポートに連絡をしましょう。電話でもWEBフォームでも、さらにはLINEでも質問を受付けてくれます。「よくあるご質問」で同じような疑問がないかを確認するのもいいかと思います。

さて、いかがでしょうか？　これで【注文の壁】を突破し、さらには毎月自動で積立運用を続ける仕組みもできました。

1・どの証券口座を選べば良いのかわからない【口座開設の壁】　㊏済

2・証券口座にお金を入れるという【入金の壁】　済

3・どの商品を選べば良いのかわからない【商品選択の壁】　済

4・どうやって購入すれば良いのかわからない【注文の壁】　済

スムーズにいけば、全ての手順は1週間で完了できます。

購入することさえできれば、購入した投資信託の運用はプロが行ってくれるので、細かいテクニックも、毎日相場をチェックする必要もありません。

口座にお金を入れておきさえすれば、毎月自動で購入し、あとはプロが運用してくれます。投資に興味がない人でも、忙しいサラリーマンでも、子育て中の主婦でも、上記の手順だけなら誰にでもできると思います。

あとは**世界経済が人口の推移とともに景気サイクルで浮き沈みしながらも成長を続けてくれれば、運用しているお金は勝手に増えていきます。**

※補足として、もし、みなさんがすでに別の証券口座を開設しているのであれば、それを使ってもいいと思います。ページデザインに多少の違いはあっても、大きく異なることはないでしょう。

僕としては、証券口座のページを見たこともない人でも、お伝えした手順通りに進めれば、誰でも同じように投資信託を購入できるようになることを意識して書いてみたつもりです。

でも、ＳＢＩ証券がマイページのデザインを大幅リニューアルするようなことがあれば、僕の苦労は水の泡になってしまうかもしれません（笑）。その時はご容赦ください。

世界の人口とGDP

	1985年	2005年	2015年	2050年
世界の人口	48億人	66億人	73億人	96億人
世界のGDP	13兆ドル	47兆ドル	74兆ドル	250兆ドル ？？

加速度的にお金を増やすために毎月10分だけ続けているルール

さて、ここからは世界経済の成長に加えて、景気サイクルをも味方につけた加速度的にお金を増やす方法をお伝えします。

投資信託で資産運用を続けていく上での僕のオリジナルルールです。僕自身は、このルールを取り入れるほうが気持ちも楽に、さらに加速度的にお金が増えると思っているのですが、共感できない場合は取り入れなくて結構です。

数字がたくさん出てきて、少しわかりにくいかもしれません。もしできるなら、読むスピードを少し落としてゆっくり読んでいただいた方がいいでしょう。

さて、話を少し前に戻しますが、P61でお伝えした世界の人口とGDPの予想の話を覚えていますか？

世界の人口が増えると、世界のGDPも比例して増えていくだろう、という話です。

①僕が当初描いていた景気サイクルの波

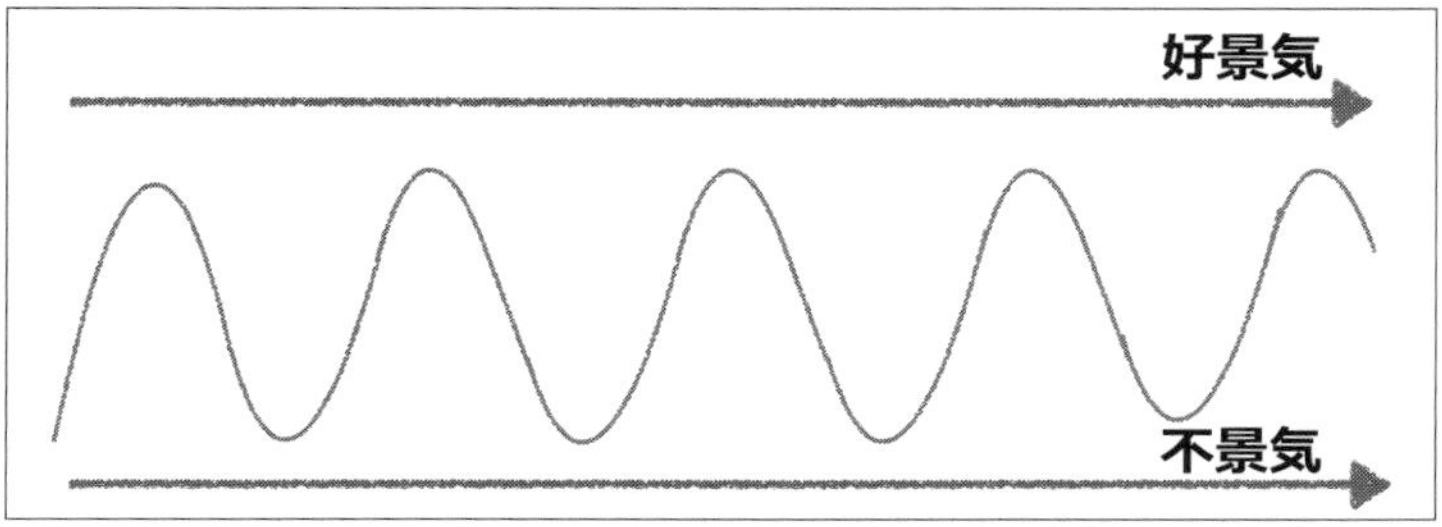

「世界経済は人口が増え続ける2050年まで、きっと成長を続けていくだろう」

僕の資産を増やしていく基本理念は、ここに尽きます。

僕はこの数字を信じているからこそ、世界経済に分散した投資信託をひたすら購入し続けているのですが、この数字を発見した時と同時に、僕の景気サイクルについての認識も大きく変わりました。

僕は今まで景気サイクルというのは、上図のように上昇したり、下降したりを繰り返すだけだと思っていました（中学の社会の先生もそう言っていたし）。でも、GDPの成長も含めて考えると、単純に上昇・下降を繰り返すものではなく、次のページのようになるはずです。

この図のように、うねりながら右肩上がりに上昇していくというのが正しい認識のように思えました。

これって僕にとってはすっごい大発見で、この景気サイクル

②景気サイクルにGDP予想を重ねると

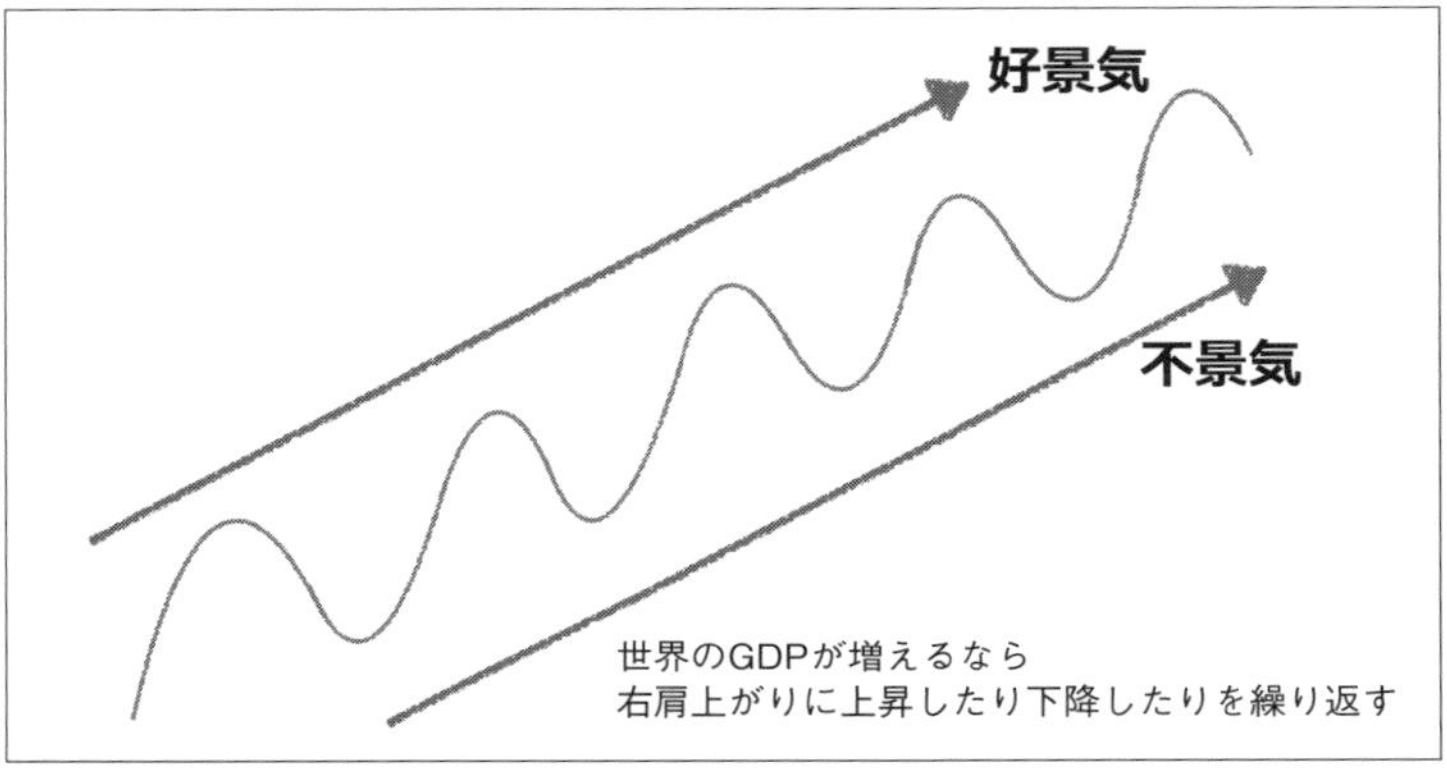
好景気
不景気
世界のGDPが増えるなら
右肩上がりに上昇したり下降したりを繰り返す

をうまく利用すれば、もっともっと加速度的にお金は増えていき、いつから積立投資を始めても高確率でお金を増やすことができる気がしたのです！

これから積立投資をする人は、「3つのルール」を守ってほしいと思っています。このルールは僕が今でも「毎月10分間だけ」続けているルールです。

1　記帳ルール　運用成績（積立額とその時点の資産評価額）を記録する。

2　売却ルール　売却のタイミングは大きく2回。タイミングがきたらそれまで積立した分を全て売却する。

①基準価額が右肩上がりしている時期は「損益（%）」がプラス20%を超えた時

②基準価額が右肩下がりしている時期は絶対に売却せず、積立購入を継続し、その後「損益

（%）」がプラス100%を超えた時（に売却を検討する）

※基準価額とは投資信託の価格のことです。

3 **売却後の積立ルール** 売却して得たお金は、10年分に分けて毎月の積立額に上乗せする。

一つずつ解説していきますね。

1 **記帳ルール** 運用成績を記録する。

毎月1日に運用成績（積立額とその時点の資産評価額）の記録をつけるというのは、文字のごとくですが、僕はエクセルを使って毎月の積立金と評価額、その差額になる損益を記入しています。どのようにするか次のページで詳しく手順をお伝えします。

STEP 1 SBI証券のページでユーザーネームとパスワードを入力してマイページにログインします。

STEP 2 ページ内の上のタブの【ポートフォリオ】ボタンをクリックします。

※ポートフォリオとは金融商品の組み合わせのことで、このページであなたがSBI証券で購入している色々な商品（株や投資信託など）の現時点の評価額をチェックすることができます。

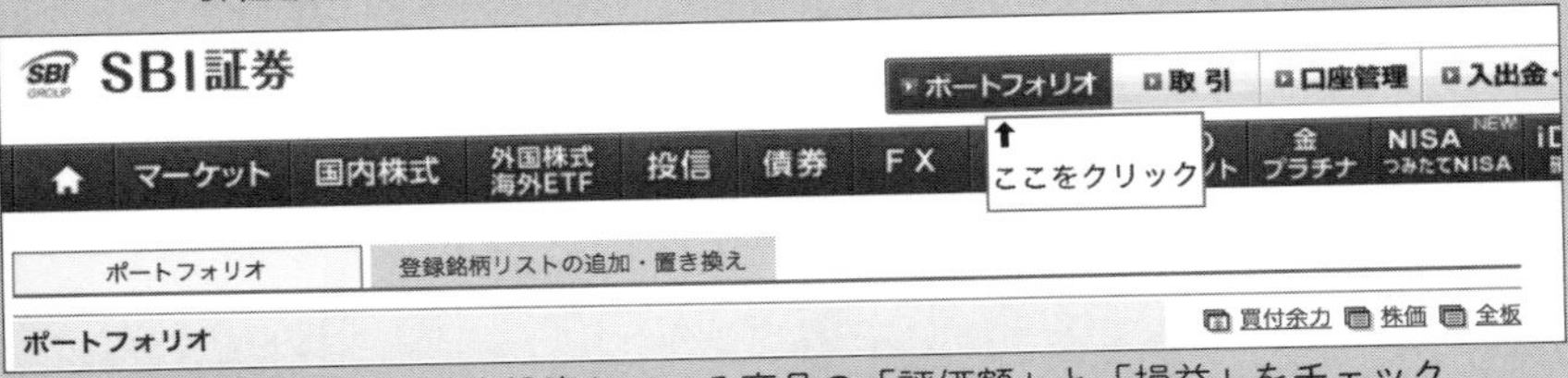

STEP 3 自分が積立投資している商品の「評価額」と「損益」をチェックします。

投資信託（金額/NISA・つみたてNISA預り） ⬅NISA口座の場合

登録順表示　情報更新

取引	ファンド名	買付日▲	数量	参考単価	取得単価	現在値	前日比	前日比（%）	損益	損益（%）	評価額	編集
買付 売却		--/--/--	851,154	17,650.43	17,624	19,782	-42	-0.21	+183,679.03	+12.24	1,683,752.84	

STEP 4 これを毎月エクセルのシートなどに記帳していきます。

A	B	C	D	
	積立金	評価額	損益	
2020年 1月	100,000	98,000	**-2,000**	
2020年 2月	200,000	210,000	**10,000**	⇦C列とD列を20年2月に記入
2020年 3月	300,000	330,000	**30,000**	⇦C列とD列を20年3月に記入
2020年 4月	400,000	460,000	**60,000**	⇦C列とD列を20年4月に記入
2020年 5月	500,000			⇦C列とD列を20年5月に記入
2020年 6月	600,000			⇦C列とD列を20年6月に記入
2020年 7月	700,000			⇦C列とD列を20年7月に記入
2020年 8月	800,000			⇦C列とD列を20年8月に記入
2020年 9月	900,000			⇦C列とD列を20年9月に記入
2020年10月	1,000,000			⇦C列とD列を20年10月に記入
2020年11月	1,100,000			⇦C列とD列を20年11月に記入
2020年12月	1,200,000			⇦C列とD列を20年12月に記入
2021年 1月	1,300,000			⇦C列とD列を21年1月に記入
2021年 2月	1,400,000			⇦C列とD列を21年2月に記入

※この表は毎月10万円ずつ積立てている例です。積立設定をしているのであれば、A列とB列は予め入力しておいてもいいでしょう。C列とD列は【STEP3】でチェックした評価額と損益を入力していきます。これを記帳しておく理由は、利益が出ている時にちゃんと売却ルールを実行するためと、ほんの少しだけ、経済に興味をもつためです。「SBI証券 かんたん積立」というスマホアプリでも簡単に確認できますが、表を作っておいて損はないです。

投資信託（金額/NISA・つみたてNISA預り）　登録順表示　情報更新

取引	ファンド名	買付日▲	数量	参考単価	取得単価	現在値	前日比	前日比（%）	損益	損益（%）	評価額	編集
買付 売却		--/--/--	851,154	17,650.43	17,624	19,782	-42	-0.21	+183,679.03	+12.24	1,683,752.84	

毎月、運用成績を記録する過程で「損益」と「評価額」をチェックする際に、「損益（%）」もチェックします。上の表の矢印の部分ですね。

2 売却ルール 売却のタイミングは大きく2回。タイミングがきたらそれまで積立した分を全て売却する。

僕が積立てた投資信託を売却するタイミングは、2回あります。

- 売却タイミング①は、損益がプラス20%になった時。
- 売却タイミング②は、損益がプラス１００%以上になった時。

売却タイミングの①は、右肩上がりに景気が上向いて、投資信託の基準価額もぐんぐん上昇している時期です。

「なんで、損益がプラス１００%になるまで待たないの？」と思う人もいるかもしれませんが、20%で利益確定させる理由は二つあります。

一つは気持ちの余裕を持って小さな成功体験を積む目的。はじめて投資に挑戦する人にとっては、お金を増やせるという成功体験が何よりも大切で、それは今後、投資を続けるモチベーションにもなります。

もう一つの理由は、決して一直線にプラス１００％になるわけではないからです。

例えばですが、みなさんが投資しているお金が左のように毎月少しずつ変化していたらどのように感じますか？

- 毎月10万円ずつ積立てていき、５ヶ月が過ぎた頃、合計50万円積立てられた評価額が55万円に上がる。
- 翌月には合計60万円積立てられた評価額が67万円になる。
- さらに翌月には合計70万円積立てられた評価額が82万円になる。
- でも翌月には大暴落が起き、80万円積立てたのに評価額が88万円にしかなっていない。↑この月は基準価額が前月比10％落ちてます！（先月まで損益が＋12万円だったのに、プラス６万円に目減りしてしまった）。

おそらく、この４ヶ月間はワクワクとモヤモヤが混在するのではないでしょうか？

「今までずっと増えていたのに、基準価額が落ちて利益が少し下がっちゃった！」
「来月からさらに落ちて不景気になったら、せっかく増えた利益がパーになっちゃうな。今売却して利益を確定しようかな？」

30年という長いスパンを見据えた投資ではありますが、やはり投資をする以上、少なからず一喜一憂はしてしまうものですし、それは仕方のないことです。だからこそ、経済が成長していて、お金が増え続けている時期は、プラス20％の利益が確保できたら、売却して利益確定しちゃいましょう。プラス20％まで増えていないのであれば、誤差範囲なのでそこから下がったとしても気にしなくて大丈夫です。

実は初心者におすすめという「ドルコスト平均法」という投資法には一つだけ弱点があります。それは「好景気から不景気になった時のリスク」に弱い点です。

景気サイクルに沿って、積立投資を続けていくということは、右肩上がりになる確信があるとはいえ、好景気と不景気の波に必ず翻弄されてしまうということです。

投資信託の基準価額が上がって自分の資産評価額は一時的にかなり増えたのに、その後、基準価額が下がると、当然自分の資産評価額も下がります。下がっている時期も積立を続けるので、どんどん下がっていく自分の資産評価額とにらめっこする時期が続きます。これって結構きついですよね……。

ドルコスト平均法で積立投資を続けていたら

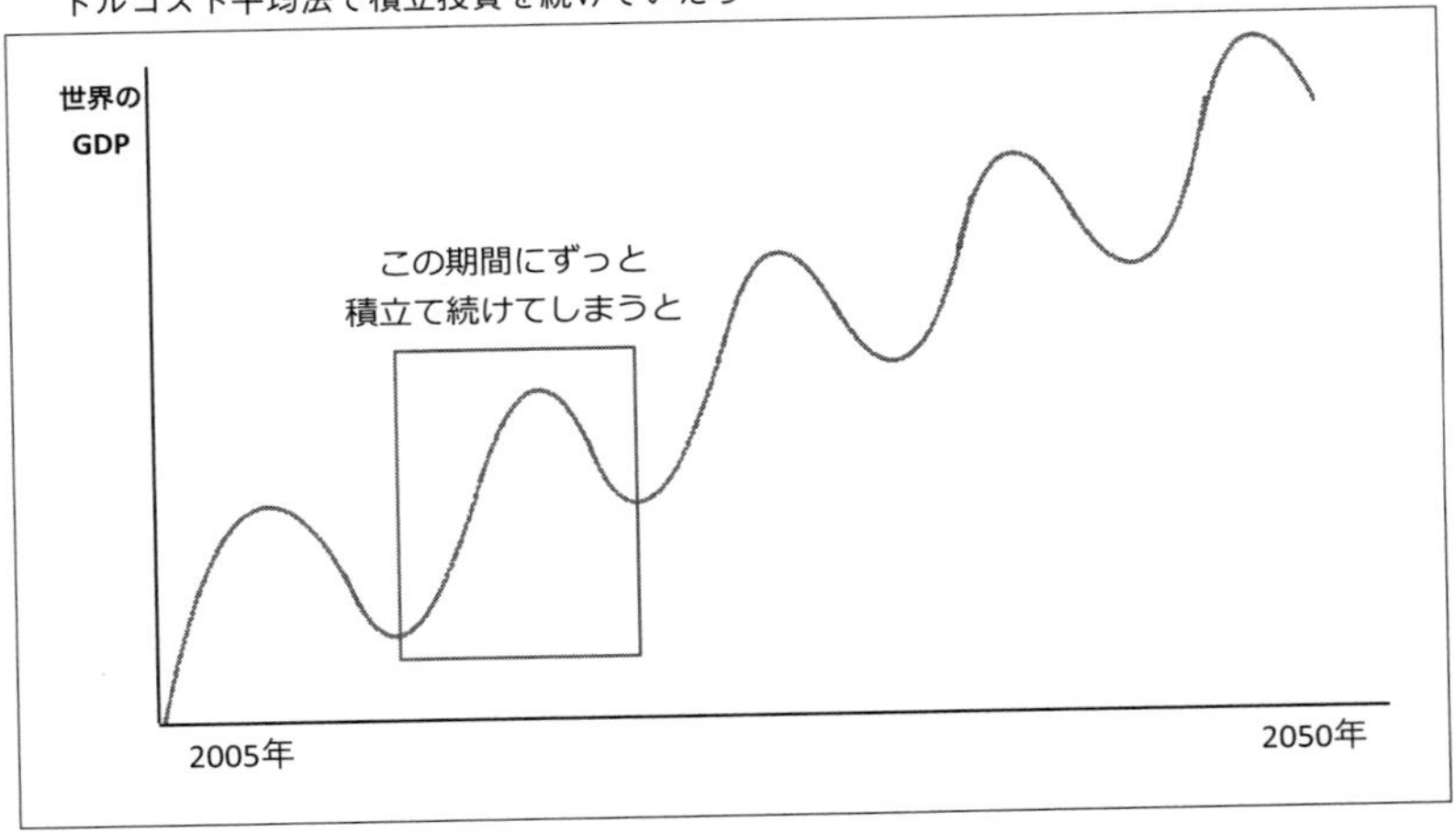
世界の
GDP
この期間にずっと
積立て続けてしまうと
2005年
2050年

景気サイクルの波に気持ちが揺れる

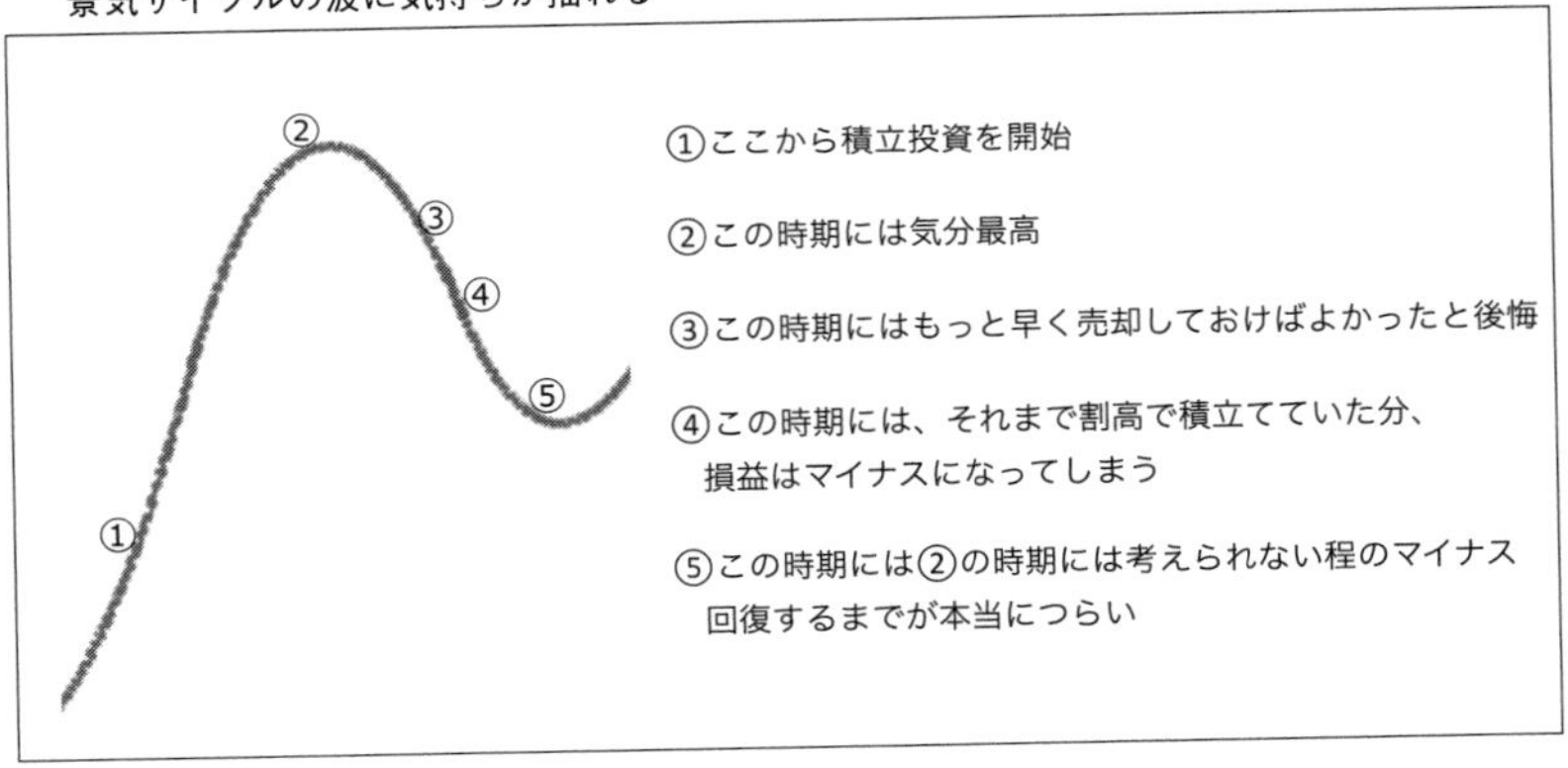
①
②
③
④
⑤
①ここから積立投資を開始
②この時期には気分最高
③この時期にはもっと早く売却しておけばよかったと後悔
④この時期には、それまで割高で積立てていた分、
損益はマイナスになってしまう
⑤この時期には②の時期には考えられない程のマイナス
回復するまでが本当につらい

もちろん30年後に比べたら割高ということはないのですが、ここからまた好景気になるまで、ずっと我慢し続けるというのは精神的にもかなり厳しいと思います。だからこそ、20％利益が出たら、ルールに従って売却し、利益を確定させてしまい、その後は、またイチから購入を始めればいいのです。

一度、「20％の利益」を得ているので、ある程度気持ちに余裕も生まれますし、その後も基準価額が上がり続けたらまた20％の利益で確定させればいいし、景気が落ち込んで、基準価額が下がり続けたら、次の売却タイミング（プラス100％以上の利益）が来るまで待てばいいのです。

売却タイミング②は「損益（％）」がマイナス20％を超えるという時期を乗り越えた後でなければ訪れることはありません。まさに、僕が積立て続けた700万円が550万円の価値まで下がっていった時期なのですが、あれは数ヶ月という単位ではなく、2007年から2012年という5年間をかけて徐々に下がり続けたものです。

この景気が落ち込んで基準価額が下がり続ける時期の過ごし方としては、僕が実践してきたことを思い返せば、わかっていただけると思います。つまり、バーゲン・セール中に割安でたくさん購入できていることをワクワクしておけばいいのです。

その後景気がV字回復したら、それまで割安で購入していた分、一気に自分の資産が爆発的に増える未来が待っているからです。

いつかはわからないけど、いつか必ず値上がりすることがわかっている商品ほど「ドルコスト平均法」ではその威力を発揮します。だからこそワクワクしながら、プラス１００％以上になるその日を待って、みなさんにも積立て続けてほしいと思います。

よくニュースなどで、「今後の中国の景気に目が離せません」とか、「ちょっとこの先は油断ならない状況ですね」とか聞きますが、僕としては、そんなことどうでもいいと思っています。どっちかというと、「はやく次の○○ショックこないかな～？」って考えてたりします。

僕が積立購入し続けていた投資信託の基準価額推移

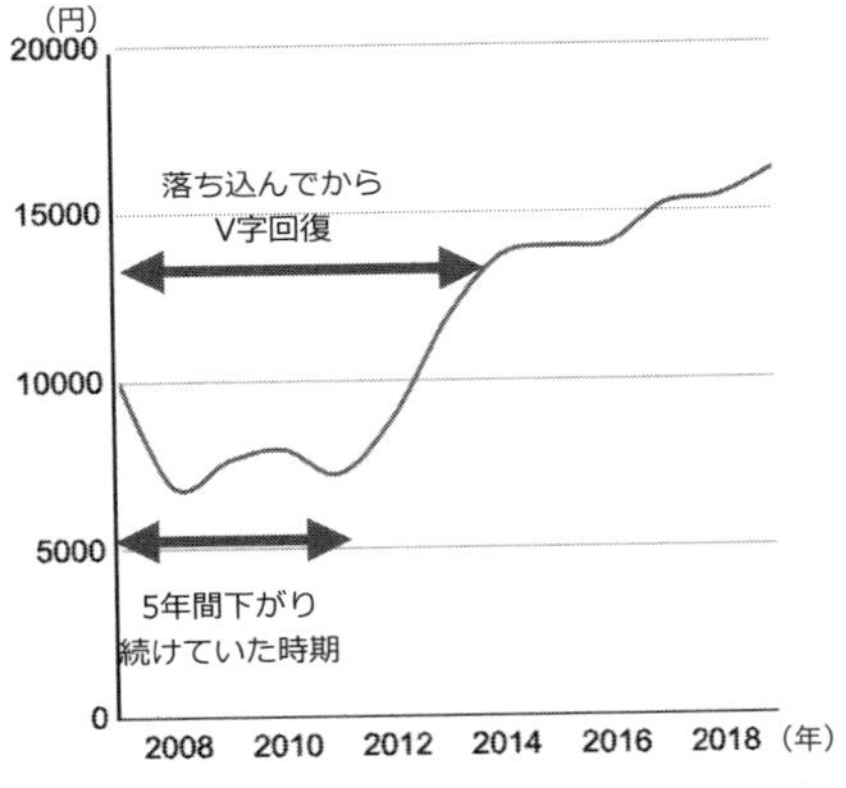

＊三井住友ＴＡＭ－ＳＢＩ資産設計オープン（資産成長型）という商品

だって、自分のお金が爆発的に増える（プラス100％以上）のは、その時にコツコツ積立を続けることだとわかっているのだから。

不景気って、「サイコロのフリ直し」で、富がない人にも富が再分配されるチャンスという面があるような気がします。

そして、いざ、自分の資産評価額が爆発的に増える時期が来たら、すぐに売却したくなっちゃうかもしれません。だって自分が積立てた額が2倍以上になっているんですから、ドキドキ・ワクワク早く利益を確定させちゃいたいですよね！

現金化することであなたの人生の選択肢も広がっていくので、プラス100％以上という額を一つの基準にしてもらいたいと思いますが、もちろん売却せずに保有＆購入し続けても構いません。これはその時、その時の自分と対話して判断してみてください。

今回お伝えした「3つのルール」の中ではこの二つ目のルールだけ少し難しかったかもしれませんが、このルールの時期が訪れるのはおそらくあなたが投資信託の積立購入を始めてから早くても数ヶ月先、長ければ数年先なのですぐに理解できなくても大丈夫。わかるまで何回か読み返してくださいね。

3 売却後の積立ルール

売却して得たお金は、10年分に分けて毎月の積立額に上乗せする。

投資信託を売却して手持ちの現金が増えたら、どのように積立額を増やすかというと、僕の場合は、その現金を10年分に分けて、毎月の積立額に上乗せしています。例えば、投資信託を全て売却して手元に1000万円入ってきたとしたら、その場合は年間100万円、ひと月8万円強に分けて、毎月の積立額に8万円強を上乗せして、合計18万ちょっとを積立てるという感じです。

さて、「3つのルール」のおさらいとして、ルールに基づいた僕の例を紹介します。僕の場合は、2007年に積立運用を始めたので、始めてすぐに資産額がマイナスになりました。そう、ワクワクする時期です（笑）。世界経済は右肩下がりだったので絶対に売却せずに、とにかく積立を継続しました。そして6年後、資産額がプラス100%以上になる時期がきたのですが、悩んだのは売却タイミングだけでした。僕の場合は、プラス140%くらいまで我慢して資産額が2200万円まで増えた2013年末に、保有している全ての投資信託を売却しました。

僕が積立購入し続けていた投資信託の基準価額推移

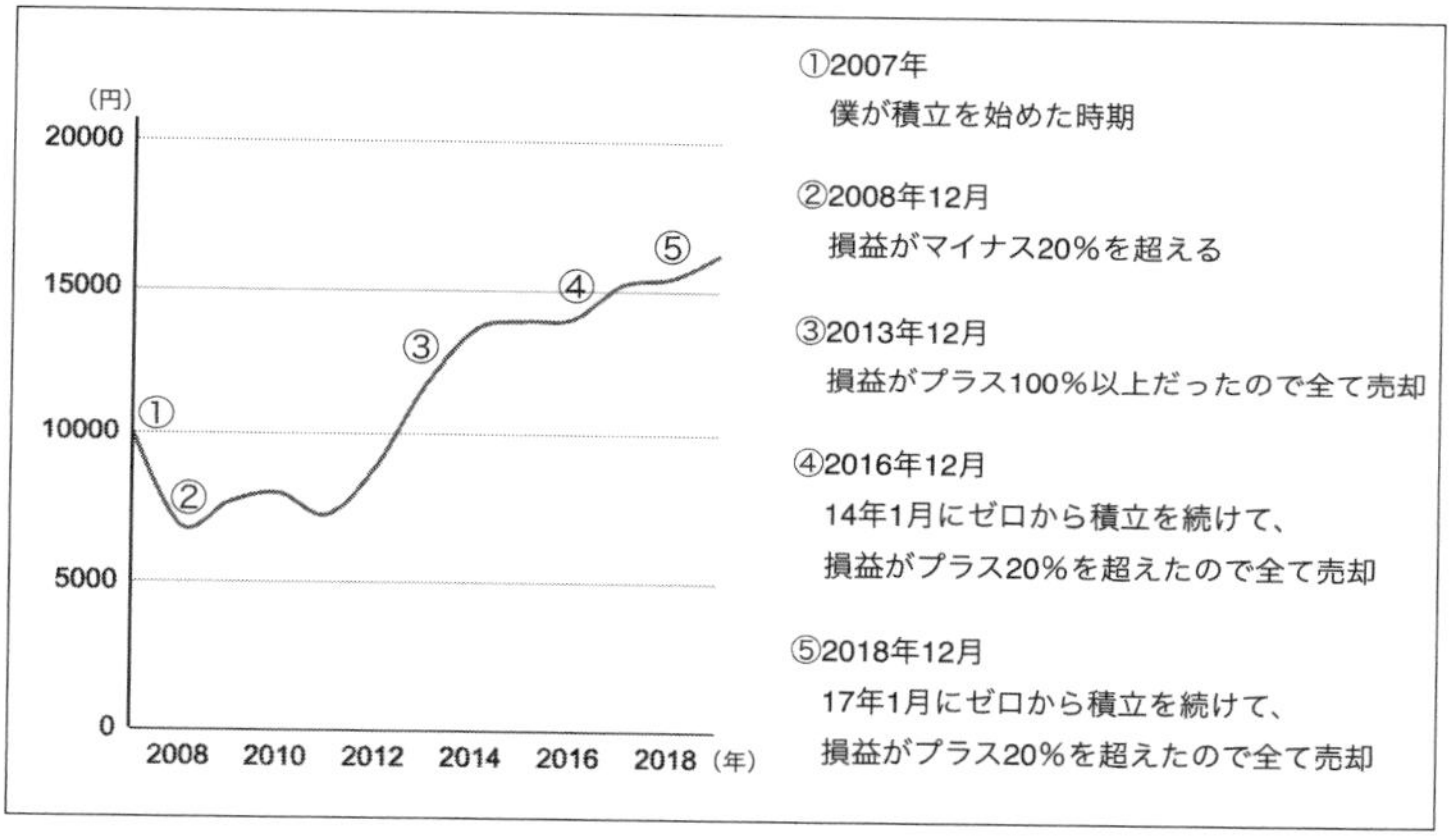
(円)
20000
15000
10000
5000
0
2008
2010
2012
2014
2016
2018 (年)
①2007年
僕が積立を始めた時期
②2008年12月
損益がマイナス20%を超える
③2013年12月
損益がプラス100%以上だったので全て売却
④2016年12月
14年1月にゼロから積立を続けて、
損益がプラス20%を超えたので全て売却
⑤2018年12月
17年1月にゼロから積立を続けて、
損益がプラス20%を超えたので全て売却

そしてその後も好景気は続いているので、２０１４年以降は、毎月の10万円に15万円を上乗せして合計25万円を積み立てる運用を続けながら、プラス20％の利益確定を2回繰り返しています。

僕はこの運用ルールによって、２００７年から２０１９年までの間で、自分の給料からは約１５００万円分を積立て、３６００万円（約２・４倍）まで増やすことができました（上図参照）。

２００７年から２０１９年までの12年間は２０５０年までの景気サイクルで考えると次ページの図のような期間のように思えます（思えますという曖昧な表現なのは、僕が経済の専門家ではないので、このような自信のない書き方をしています）。

今後もこの図のように景気サイクルが発生したら

僕が積立投資で利益を得た時期

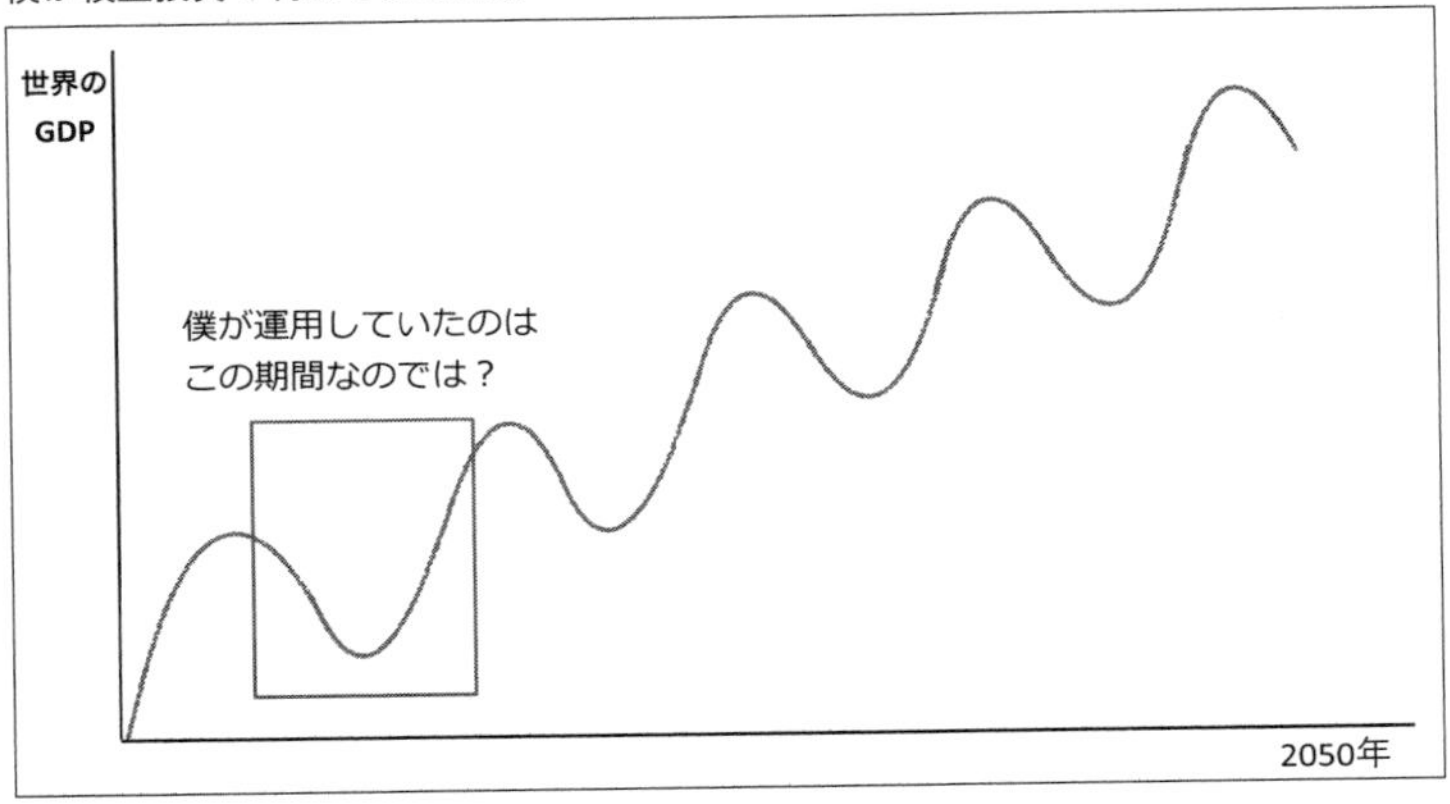
世界の
GDP
僕が運用していたのは
この期間なのでは？
2050年

どうなると思いますか？

僕は今では毎月の積立金額を30万円まで増やしているので、10年後にそれが2倍になったら、３６００万円を積立て、７２００万円以上になる計算です。

２０５０年まで人口が増え続けるという統計が出ている今だけに有効な投資法なのかもしれませんが、今日明日の株価に一喜一憂しながらびくびく投資することと比べたら、僕がしているのは、毎月、たった10分のルールを繰り返している簡単なものです。

好景気な時も、不景気な時も積立投資を続け、売却した分も上乗せしながら、積立金額を増やしていけば、２００７年からの30年間で僕が給与収入から積立てるお金は毎月10万円ずつの３６００万円だとしても、最終的には1億円どころか1・5億円くらいを狙うことができちゃうかも！　と未来をワクワクしながら待っています。

つまり、僕の投資法は景気が上がっても下がってもどっちでもよいのです。

ぶっちゃけてしまえば給与収入からはもう積立てる必要もなくて、売却したお金を10年分に分けて積立てるだけでも充分で、いつか2倍になるのであれば自分の給料からはもう節約して資金を捻出する必要はないのかもしれません。

今からでも遅くはない2050年までの投資法

次ページのように景気サイクルと経済成長が2050年まで続くのであれば、売却するタイミングを計らなくても、世界経済に預けた資産は増えていきます。

そして景気サイクルを利用したこの「3つのルール」を実行すれば、いつから積立投資を始めても、高確率でもっともっと大きくお金を増やすことができるような気がしませんか？

今から始める人でも条件は同じです。誰でもお金を加速度的に増やすことができると

景気サイクルにGDP予想を重ねた推移

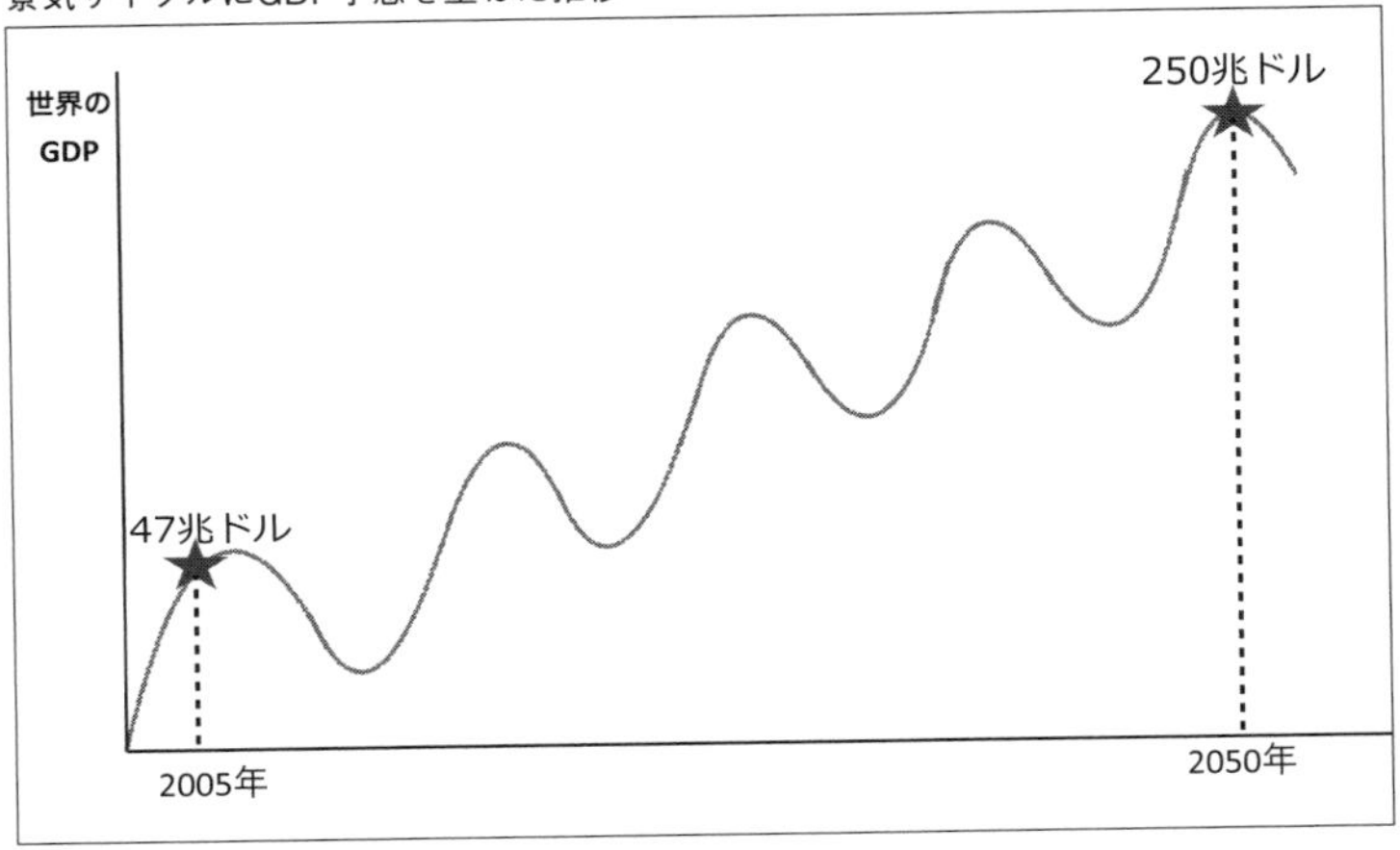

思うのです。

むしろ、この方法を続けて自分のお金が減る未来を僕には想像できません。

２０５０年まではまだ30年以上あります（２０１９年時点）。今から始めれば30年間続けるだけで、誰でも億万長者になれる可能性は大いにあると思います。

最初の内は積立金額を多めに設定して節約を頑張ってほしいですが、２倍以上で売却した時の金額がある程度大きくなれば、そこから先は給与収入からの積立は必要なくなる可能性も充分にあるので、節約の負担も軽減されていくと思います。

このように、売却ルールを先に決めておくと、お金が加速度的に増えるだけでなく、投資における気持ちの迷いが本当になくなります。色んな投資を試して失敗してきた僕だからいえますが、これって本当に大事なことなんです。プラス１００％以上の売却時だけ少し悩みますが、それは嬉しい悩みなので、あなたを苦しめることはないでしょう。それ以外は、ルールを満たしたら何も考えずに売却すればいいだけです。

そして、最後にもう一つだけお伝えします。

僕がここまでお伝えした内容は、有名なファイナンシャルプランナーや資産運用や投資信託の専門家にも同じような考えの人は大勢います。老若男女、資産をたくさんもっているお金持ちも僕のように資産ゼロから始める人にとっても、「守りながら増やす資産運用法」として、よく推奨されています。

でも、それを聞くと、一つ疑問が出てくると思います。

「絶対に増えるなら、なぜみんなが同じ方法をしないの？」

実はこの方法は、正攻法でありながら、とてもニッチな方法なのです。

投資についての知識は二極化していて、全然知らないか、すごく詳しいかのどちらかだと思います。

投資のことを全然知らない人は、そもそも投資に対して拒否反応を持っているので、現金以外での資産の保有をあまり考えません。

投資にすごく詳しい人は、株式投資やＦＸ、仮想通貨などで日々トレードしているでしょう。そして1年くらいの短期間で投資資金を2倍以上にしようとします。そもそも、投資に詳しい人は、プロに任せる必要はないし、信託報酬（プロに運用してもらう上で支払う手数料）をもったいないと考えます。

そして、究極の理由をいうと、「これほど、つまらない投資はない」からです。

お金が増えるのは確実なのに、積立購入の設定をしてしまったら他にすることがないこの投資法は、投資に詳しい人にしてみれば、経済ニュースを見る必要もなく、刺激が少なく物足りないのだと思います。

だからこそ、僕みたいに、それほど投資に詳しいわけじゃないけど、実はこの方法がお金を増やす上で一番確率が高いということを知っているという人だけが、コツコツ積立運用を続けているのです。そういう意味でニッチですよね？（笑）

30年で1億円を目指す上でのQ＆A

さて、いかがでしたでしょうか？　30年で1億円を目指すのであれば「これまでお伝えした投資信託の積立運用」こそが多くの人にとって一番確率が高い方法だと思っています。

できれば、読者のみなさんにも同じように実践してほしいのですが、まだ疑問がある人もいると思います。

そこで、投資信託編のまとめとして、僕が投資信託についてよく受ける質問をいくつかピックアップしてお伝えしたいと思います。

ちなみに、疑問に対する回答は、あくまで僕が考える答えであって全ての人にとって共通する正解というわけではありません。というより、お金の考え方も投資に対するスタンスも、人それぞれ事情や目標も異なるので共通の正解はありません。参考までに読んでいただければと思います。

Q・銀行口座にはどのくらい生活資金や予備のお金を貯めてから、毎月の積立運用を始めればいいですか？

A・僕としては始めるタイミングがどんどん遅くなってしまうのでこの考え方は好きではないのですが、どうしても不安という人は3ヶ月分の生活費があれば充分ではないでしょうか。

よく投資信託を購入した瞬間に、引き出せないお金になるという感覚の人がいますが、投資信託を現金に換金することは1週間もかからずにできます。

そして、本書で紹介した投資信託の中身の金融商品は、1社の株でも1国の債券でもありません。広く世界中に分散した株や債券なので、短期間で大きく増えたり減ったりするということはないのです。資金繰りに困った場合には、必要な分だけ解約すればいいのだから、タイミングをはかったり、ゆっくりと始めるまでの準備期間を作る必要もありません。世界経済の成長に共感いただけたのであれば、とりあえず始めてみるといった感じでもいいのではないかと思います。

Q・やはり不安なので、近くに相談窓口がある大手銀行や大手証券会社で投資信託を購入したいです

A・あまりおすすめをしません。その理由は二つあります。

一つは証券会社が買ってほしい商品と僕たちが購入すべき商品が違うからです。窓口の相談相手はプロであり、言葉巧みに証券会社が買ってほしい商品に誘導されてしまうかもしれません。

二つ目は、買付手数料です。相談窓口が多い証券会社には当然人件費もかかります。それが投資信託を購入する度にかかる買付手数料に上乗せされています。それでもどうしても窓口で相談して購入したい場合は、せめて買付手数料0・5%以下、信託報酬1%以下の商品を選ぶことをおすすめします。

Q・投資することを周囲に反対される場合は、どうすればいいですか？

A・ちなみに僕の妻は、僕が節約をすることも、書籍を出版することも、近い将来サラリーマンを辞めようとしていることも全部反対みたいです（笑）。

「なんで？」と尋ねると「普通がいい！　普通にサラリーマンとしてお金をちゃんと稼いで定年まで仕事してほしい！　33歳で手取り22万円とか……もっと頑張りなよ‼　アーリーリタイアとかフザケたこと言わないでよ」と言っています（笑）。

普通と違うことをするって少なからず反対されるのは当然ですよね。特に近しい人であればあるほどです。

ただ反対される相手があなたの人生のパートナーであれば、しっかり話し合って認めてもらいましょう。なぜなら「パートナー」だからです。身内や友人なら最終的には「あとはあなたの好きにすればいいよ」かもしれませんが、パートナーはこれから一緒に生きていく上での運命共同体でもあります。お金について、生涯一緒に考えていかなければいけない相手だからです。

僕も、「普通が良い！」と言い張る妻に対して、普通じゃない（らしい）僕の生き方をどうやって認めてもらおうか……苦労が絶えません（笑）。

Q．現時点でまとまったお金がある場合はどうすべき？（退職金など）

A．あくまで、他にお金を増やす選択肢が見つからない場合として回答します。

僕なら毎月の積立額を増やします。例えばですが、1000万円あるのであれば、10年間で全部積み立てようとすると、1年で100万円、1ヶ月で8万円強となります。

仮に通常の収入から毎月5万円の投資ができるのであれば、そこに約8万円を足して、毎月13万円を10年間続けて積立てるのがいいかと思います。投資信託の売却後の運用ルールとほぼ同じです。

Q・まずは毎月5000円からでもいいですか？

A・もちろん構いません。この書籍を通じて一歩踏み出してくれたのであればとても嬉しく思います。

でも、一方でこうも思います。毎月5000円ということは1年間で6万円、10年間で60万円、それが2倍になっても120万円です。それから10年でさらに2倍になったとしても、毎月5000円を積み立てることで、資産が500万円を超えることはおそらくないでしょう。

もちろん500万円は大金です。毎月5000円を20年貯め続けても120万円なので、それと比較したらとても大きな金額だと思います。でも老後になって、給付される年金の足しに毎月10万円ずつ切り崩していったら、年間120万円、4年ちょっとでなくなってしまうお金でもあるんです。マイホームを購入する場合や高齢者施設に入ろうとする場合、一瞬でなくなってしまう可能性だってあります。

やはり未来の選択肢が増えていくためには1000万円、2000万円というお金があったほうがいいのではないでしょうか？　投資信託のメリットとして、少額から始められることを強くアピールしている記事もたくさん見かけるのですが、僕がこの書籍で伝えたいのは、「少額でいいので投資信託を始めてみませんか？」ということではありません。お金の不安を無くして、あなたの人生をより良くしてほしいのです。そのために実践してほしいのは、毎月5000円の投資信託購入ではありません。

あなたにできる範囲で、できるだけ大きな金額を銀行ではなく世界経済に預け始めてもらう。そして、1年から5年以内に積立てた額が1・2倍になった時に小さな成功を摑んでもらうか、10年以内に2倍になって大きな成功を摑み始めてもらう。これには毎月5000円ではどうしても足りないのです。

勇気を出して始めてみて、どうしても続けることができなくなったらやめても構いませんが、手順通りに行なっていただければ、毎月自動注文なので、勝手に続けることができることがこの方法の最大の魅力です。できれば精一杯の金額でトライしてほしいです。

Q・株やFX、仮想通貨などの方が、お金を増やせそうではないですか？

A・そう思われるのもわかります。実際、世界に分散した投資信託は値動きが小さいので、小さい額を投資してもほとんど増えません。でも、僕は株やFX、仮想通貨を扱うよりも、世界経済に投資することをおすすめします。株やFXなどに比べて、投資できる金額の心理的ハードルが全然違うからです。

僕は、給料から生活費を引いた残金のほぼ全額を世界経済に預けて、毎月10分以外ほぼほったらかしてきましたが、株やFXなどの場合、そうはいかないでしょう。最悪、マイナスが出て投資金額が0円になることも想定し、「余裕資金」だけを投資すると思います。そうすると当然、投資資金も世界経済に預けるのと比べれば、どうしても少なくなります。僕の経験で言うと、5分の1くらいの金額でした。

さらには、株に100万円投資して、10年以内に2倍の200万円にできる人はごく一握りですが、投資信託に10年間で500万円積立てて、10年以内に600万円にできる人はものすごくたくさんいると思います。投資する元手は必要ですが、同じ利益100万円を達成できる確率が全然違うんです。

1000万円を超えると、その違いは如実でしょう。僕が株式投資を熟知していたとしても、実際に株に回す投資資金は500万円を超えることはないと思います。でも世界経済であれば、10年に分散するというルールを守れば平気で全額投資することができるのです。

Q・毎月一定額を何十年も積立て続ける自信がない場合はどうすればいいですか？

A・この懸念があることで始められない人もいるかもしれませんが、大丈夫です。その理由はP115の売却ルールの箇所でもお伝えしているのですが、売却するタイミングというのは言い換えれば積立の設定金額を一回リセットできるということでもあります。

それまでは毎月5万円で設定していたけど、環境が変わったので毎月の収入からの積立は3万円に変更し、売却したお金を10年分に分けて上乗せすればいいのです。

プラス20％は早ければ2年くらいで訪れますし、今後不景気がきてプラス100％まで待たなければいけない時期だとしても10年以内には訪れるでしょう。

でも、その時は積立額が2倍以上です。ニヤニヤしながら待ちましょう（笑）。

第3章　僕は、住居費を払いたくなかった

「資産1億円」と「節約」の関係

さて、多くの読者は気づいているかもしれません。

そう。ここまで綴ってきた内容だけだと、僕の資産はまだまだ1億円には到底たどり着かないのです。

ではなぜ、今は1億円に手が届きそうなのか？

これからお伝えする方法は多くの人にとって確率の高い方法ではありません。みなさんが第2章に書いてあることを実践し、お金を増やすことができたら、その先のさらなる選択肢として参考にしてもらう程度でよいと思います。

第3章では、投資のセンスがない僕がどうやって爆発的にさらにお金を増やしていったのかを知っていただければ、という気持ちで書きました。

すでに何度もお伝えしていますが、あらためてお伝えしておきます。

僕は投資家ではなく節約家なのです。

よくある投資の本では、節約ではお金を増やすことができない、と言われています。いわゆる、スーパーでの買い物で、普段は300円のモノを限定セール200円で、2個3個まとめ買いをしても、所詮は一つにつき、100円の節約にしかならないというのは、その通りだと思います。

＊元価格が安いものを節約しても効果は薄い

スーパーで限定特価の買い物をする：**1回100円のお得**

電気代の節約　5000円↓4000円：**月1000円のお得**

水道代の節約　2000円↓1500円：**月500円のお得**

でも、僕は今でもスーパーでMサイズのタマゴが10個100円の時は嬉しいし、半額シールが貼られたお惣菜を見るとその日の夜のおかずをつい変更しちゃうし、平日のランチは自分で作って会社に持参したりするなどして、日々の節約に励んでいます。

その理由は、前章でもお伝えした通り、**今日節約した1000円を世界経済の成長に投資すれば、将来の4000円になるかもしれないと思っているからです。**

世界の人口が増加し続けるこの時代に生まれた幸運を最大限活かすために、嬉々として行っている節約です（節約をやりすぎて、交通費のズル申請までしてましたが……）。

そして、実は、他にも普通の人があまりやらない、僕が本気を出して取り組んでいる節約があります。

それは、ずばり「住居費」の節約です。

日々、何もしないでも発生している「家賃」を始めとする「住居費」は、負担がもっとも大きいものだと思います。

＊元価格の高い住居費を節約できたら、メリットが大きい
家賃の節約　７万円↓６万円に交渉：**年12万円のお得**
住居費の節約　価値２０００万円の中古マンション↓１０００万円で購入：
１０００万円のお得

この「住居費」を節約することが、節約家である僕にとって、独身時代からずっと悩んできた問題でした。

家賃は交渉できる

時計の針を一旦、僕の独身時代、一人暮らしの頃に戻しましょう。

僕は、新入社員の頃、社宅（独身寮）住まいでした。それはまだ給料の少ない新入社員のために会社が用意してくれた福利厚生施設で、家賃は驚きの1・2万円。

会社から少し離れた兵庫県川西市。3点ユニットの狭いワンルーム、周りは何もない無人駅にあり、娯楽などまったくないので社員からは不評でしたが、僕は会社に在籍する限り、住み続けたいと思っていました。

しかし、会社の規定で、社宅に住めるのは入社3年目までと決まっていたので、いずれは社宅を出ないといけません。

そこで、僕は引っ越しまでの長期プランを立てて、将来、家賃を節約するための方法を地道に調べ始めたのです。

いろんな人の経験談や、インターネットで調べたお得情報を総合すると、家賃の安い物件を探すよりも、自分が譲れない条件を満たした物件を見つけて、そこから交渉して家賃を下げることの方が、結果的にお得になることが多いようです。

そして、以下の三つの条件が、家賃交渉を成功させるために気を付ける心構えであることが事前調査でわかりました。

〈家賃交渉で成功する条件〉

・物件を探す時期は、5月と11月
・仲介不動産業者の営業マンを味方につける
・交渉の切り札は「その場で決断」

物件を探す時期は5月と11月

賃貸物件市場は、繁忙期と閑散期が、はっきりと分かれる業界です。

4月や10月は企業の移動の時期でもあるので、それに向けて、1〜3月と9〜10月はどの不動産業者も忙しく、家賃の値下げ交渉をしても、不動産屋に面倒くさがられるし、横からその条件でいいというお客さんが現れれば、すぐに決まってしまいます。

僕が独身時代に検証した結果によると、家賃交渉に適した時期は5月の中旬。

これは、部屋を貸す側の大家の気持ちになればわかります。

・1月から3月の繁忙期で入居者を決めたかったのに、そのチャンスを逃してしまった
・せめて5月のGWまでには決めたかったのに、それも逃してしまった
・次の引越しシーズンまで家賃収入がないかもしれない
・これから半年近くも家賃収入がないことを考えると、多少家賃を安くしてでも5月中に入居してもらえるならその方がいい

11月も同様の理由で、おすすめです。

また、引越し費用に関しても、5月GW明けから6月末までは祝日が一度もなく、梅雨になると天気が悪い日も多くなります。引越しシーズンには向いていないため、引越し業者への値下げ交渉もしやすくなります。

さらに、賃貸物件には一般的な慣習として2年に一度の更新があります。タイミングさえ合えば、次の引越し時にも同じ交渉ができるし、住み続けるとしても更新時期に改

めて家賃値下げの交渉ができます。
だからこそ、部屋探しは5月中旬か11月に限るのです。

仲介不動産屋の営業マンを「即断即決」で味方につける

家賃の値下げ交渉において、味方にしておきたいのは、仲介不動産屋の営業マンです。仲介不動産屋の営業マンにとって、何よりも嬉しいお客さんが「即決」をしてくれるお客さんだといいます。

なぜ即決すると営業マンが家賃交渉で味方になってくれるかというと、賃貸不動産業のビジネスモデルを理解すれば、納得してもらえると思います。

仲介不動産屋の営業マンにとっては、実のところ、家賃の額はあまり関係ありません。彼らにとって、家賃よりも賃貸契約を一件でも多く成立させて仲介手数料を稼ぐ方が優先度は高くなります。

そんな彼らの胸に響き味方に引き込めるのは、次の言葉。

「〇〇円にしてくれたら、今日、契約します！」

大家さんと直接交渉してくれるのは彼らなので、入居するかわからないお客さんのためには交渉を頑張れないというもの。せっかく家賃交渉したのに、「結局、入居しませんでした」となったら、彼らの立つ瀬がありません。そのため、即決することを条件に営業マンに家賃交渉を委託するのです。

そして、このセリフは大家さんにもかなり有効です。大家さんも空き物件をメンテナンスして、常に内覧者のために準備しておくのは、かなりの労力を費やします。「即決します」という言葉は、そうした煩雑な手間からの解放を大家さんにイメージさせて、思い切った値下げを引き出しやすいのです。

実際に僕はこの切り札を使い、新大阪駅まで徒歩20分以内、最寄り駅まで徒歩5分という好立地のマンションながら、4000円の値下げに成功し、家賃4・4万円で住むことができました。

この時に経験した家賃交渉は、不動産の契約は、大きなお金が動くにもかかわらず、値段は時と場合（プラス気持ち）によって異なるという点で、僕にとっては本気で取り組むべき節約であることに気づいた出来事でした。

無職でマイホーム無しが不動産投資に目覚める

時計の針をもう一度、事故後のリハビリ生活を送っていた頃に戻します。

交通事故後、職場復帰もかなわず、会社を退職することになった僕ら夫婦が直面したのは、まさに家賃の問題でした。当時、神奈川県横浜市で夫婦二人で暮らしていた時のアパートの家賃はおよそ10万円。

会社の人事異動による転勤で引っ越していたので、家賃補助が出ており、比較的安く住めていたのですが、会社をクビになってしまうとそんな補助はありません。

その頃、貯金を切り崩す生活をしていた僕には、どうしても家賃10万円を払い続けることができなかったので、両親に頼み込み、千葉県我孫子市の僕の実家に夫婦で居候させてもらうことにしました。

両親には家賃として食費、光熱費込みで毎月5万円を払ってはいましたが、大の大人が親に甘えていることは自覚していました。

しかし、これで問題解決したわけではありません。実家に居候中、再就職に向けてリハビリと就職活動をしていましたが、すぐに再就職が決まるはずもなく、投資もうまくいかず八方ふさがりの状態。

僕は今後の住まいについても真剣に悩みました。

やはり首都圏で、夫婦二人で独立して暮らすなら、家賃10万円前後は避けて通れない道です。家賃交渉をしても10万円を9万円にするのが精一杯でしょう。

また、貯金を使って、中古マンションを購入することも考えましたが、当時の僕の貯金の2000万円は、いつまで続くかわからない無職生活の当面の生活費と今後の積立投資の貴重な原資です。せっかくお金が増える成果を確認できた積立投資を諦めることはあまりにもったいなくて、その選択もできません。

それに、一か八かで物件を購入して、もしも不良物件を購入してしまったら……と考えると、マイホーム購入なんて怖くてできなかったのが本音でした。

いくら考えても、良い案は浮かばず、僕が行きついた選択肢は次の二つ。

・このままずっと実家に同居させてもらう？
・郊外で家賃6万円くらいの古いアパートで生活する？

すぐに答えは出ないけど、どちらも気は進みません。ただ、実家の両親にも、妻にもこれ以上負担をかけたくありませんでした。

そんな行き詰まりを感じていた時、全ての問題を解決する方法に出会ったのです。

最初のきっかけは、ハローワークが運営する職業訓練校に通っていた頃に友人のＩ君が貸してくれた一冊の本でした。

当時、同じ職業訓練校に通ううちに親しくなったＩ君に、僕は自分のやっている節約のことや積立投資のことを話しているうちに本を貸し借りするようになり、「はじめちゃんなら、この本に書いてあることが気に入るかもしれない」と言って貸してくれたものでした。

表紙には「お金の大事な話」と書いてあり、ある投資家の半生が書かれている不動産投資の入門書でした（あれ、この本もそうかも）。

賃貸か分譲か、中古マンションをリフォームして住むか？

不動産投資は、お金持ちのための投資。

これは僕が持っていた不動産投資に対するイメージです。安値で購入して高値で売る。もしくは物件を購入して、他人に貸し出して毎月の家賃収入を得る。

「最初の物件購入費はどうするの？　お金がないと買えないじゃん」

だから、そんな投資ができるのは、何億という現金をたくさん持っている昔ながらの地主さんとか、仕事で高収入を約束されている人だけ。地主でも高収入でもない僕には関係ない話で、ましてや、借金までして不動産投資をする人の気が知れませんでした。

しかし、本を読み終えて僕が強く感じたのは、

「不動産は知識と経験の世界、知識を身に付ければ、物件購入時に100万、200万円レベルの節約は簡単にできる」ということ。

これは以前、自分が賃貸物件の交渉時にも感じていたことでした。賃貸物件レベルでそうなのだから、購入物件ではケタ違いに金額が変わるのかもしれない。100万円、200万円レベルの〝誤差〟が出ることも、なんとなく想像ができました。

考えてみれば、住居費は一生ついて回る問題です。

よく「賃貸か分譲か？」という議題は、雑誌でも特集されますが、興味を持って読んでも答えが明示されていた記憶がありません。結論として書いてあるのは「得する分譲もあれば、損する賃貸もある」というごく当たり前なもの。

しかし、それでわかったような気になっても、いざ自分が購入する時に何を基準に選んで、どうやって交渉したらいいのかわからないままです。

その本は、「賃貸か分譲か？」の先の知識（相場の見極め方や、銀行ローンの仕組み、

物件選びのコツなど）をユニークな視点で語っていました。

「3000万円の住宅ローンを組んで物件を購入し、10年後、また3000万円で売ることができたら、住宅購入のリスクはゼロに限りなく近い。

怖いのは、10年後に3000万円で売れるか？　という部分だけ。だから、逆をいうと、物件を見極める目がないのに、高額なローンを組んで住宅を購入することがリスクだと思いませんか？」

なんだか、住居費で悩んでいた自分への答えが、ここにあるような気がしました。

節約方法や生活の裏技を調べることが大好きだった僕の好奇心は、大いに刺激されました。調べてみると、著者はファイナンシャルアカデミーという学校の代表を務めているということを知りました。

著書の中で書かれていた知識よりも深い知識は、その学校で学べるようでした。

僕は「その学校で不動産投資を学びたい」と妻に相談したのですが……。

株のデイトレードで失敗し、与沢塾で挫折し、やっと再就職に向けて職業訓練校に通い始めていたこの時期、妻はそれを聞くと、怒りを通り越して、呆れていました。

「はい？　不動産投資？……もう勝手にすればいいよ」

妻の反応は、当然といえば当然です。

確かに僕は直近2回の投資チャレンジに失敗していました。この時の、僕に対する信用は皆無だったと思います……。

妻にとって、この時期の僕の「きっと成功するから！」ほど信じられないものはなかったでしょう。

でも、今回の僕の挑戦は、これまでの2回とはちがう手ごたえを感じ始めていました。

節約大好き人間にとって不動産投資はとても相性がよかった

住居費を節約するために、僕は本気で不動産投資に関しての知識を手に入れようと考えました。これは、興味が長続きしなかった、毎日チャートを見る行為でも、ブログを毎日更新する作業でもありません。**住居費の節約という、僕にとっては切実でこれ以上ないくらい大きなモチベーションを維持できる分野でした。**

僕を強烈に突き動かしたのは、ある事実に気づいたからです。

仮説①　もし、僕がこの先、お買い得なマイホームを買えたとする。

仮説②　数年後、同じ値段で売れたとしたら、その間の住居費はタダになる！

仮説③　またマイホームを購入して、数年後、同じ値段で売れたとしたら、僕ら夫婦の住居費は一生タダかもしれない！

僕はその学校が作った不動産投資のカリキュラムを徹底的に学びました。とにかく不動産の知識という知識は細かいモノまで頭に詰め込みたかったので、全部で24時間ある講義に毎回通い、全ての課題をこなし、過去の授業の動画を含めて全部見ました。わからない部分は、講師に何度も質問し、授業後や休みの日には同じ目的で不動産について学んでいる仲間とも積極的に情報交換を行いました。

きっと、スクールの講師は「なんて不動産投資に熱心な生徒だろう」と思ったにちがいありません。でも、僕が本当に興味を持てたのは、「どうやってお買い得なマイホームを手に入れ、今後の自分の住居費を節約できるか」という一点のみ！

素人にはわかりづらい地域の不動産相場の調べ方や、売値ではない本当の物件価格（銀行の評価額）、不動産の価格交渉の仕方など、普通の学校では学べないようなことをたくさん学びました（生活に密接に関わっている不動産にもかかわらず、知らないことがめちゃくちゃ多い！）。

節約好きな僕としては、相場では1000万円だけど、500万円で不動産物件を手に入れた実例などを聞くと、とても興奮して心中わくわくしながら勉強できました。節約マインドと不動産投資は相性が良いみたいです。

さらに講師が言うには、「不動産には千：百：十：一の法則がある。不動産情報を千件チェックして、その中から百件自分の目で実際に見に行けば、不動産を見る目は肥えてくる。十件は本気で買いたい物件に出会え、そこで融資を得て、ようやく一件の素晴らしい物件を購入することができる」ということでした。

それを聞き、僕は、講師の言う通り、来る日も来る日も新規の物件売り出し情報をチェックしては、頭の中で買った場合の想定価格（価格交渉後）、そして売った場合の出口戦略までを頭の中でシミュレーションすることを日課にしました。

休みの日には実際に現地に自分の足を運んで、不動産屋さんに色々教えてもらったり、学校で習った現地調査でチェックすべきポイントを踏まえて、不動産を見る目を自分の中で養っていきました。そして、不動産知識を増やしていくにつれ、僕のマイホームに対する考え方もガラリと変わりました。

たとえば、物件の売買成約価格の履歴が見られるマンションマーケット（https://mansion-market.com/）というサイトがあります。これは一般公開されているデータなので、誰でも閲覧可能なのですが、同じマンションでも一戸一戸の成約価格が異なります。

部屋の状態（リフォームの有無）や売った時期や売り主の事情などにより、価格は異なるのですが、これを見ると相場より安値で購入する人、相場より高値で売却している人が確実に存在しているのです。

もし、その人たちと同じように、物件を買った時よりも数年後に高い値段で売ることができたら、住居費は、むしろプラスになる！（仮説④）

というコペルニクス的転回を僕にもたらしたのです。

初めて買った物件は280万円のマンションの一室

ここで誤解がないように本来の不動産投資について、説明しておきます。

不動産投資というのは、物件を購入し、それを他人に貸し出して家賃収入を得る投資法です。購入費を抑えられれば、投資利益は向上するので、不動産投資では、まず購入段階の支出を抑えることが絶対条件になります。

ただ、不動産というのは価格の幅が異常に広く、数千万円もするお買い得物件もあれば、数百万円でもコスパの悪い物件もあります。だから一概に安いからお得、高いから損というものではありません。やはり不動産を見極める目が大切で、たくさんの物件に毎日目を通していると、段々とそれらの相場もハッキリとわかるようになります。

「この物件は駅近5分だけど、築年が50年だから……この値段くらいかぁ」

「この物件は内装も綺麗で管理もしっかりしてるけど、都心まで2時間もかかるからこんなに安いんだ」

このように様々な要素を組み合わせて、不動産価格は形成されています。

特に東京近郊の不動産価格は、都心への通勤時間を基準にして値付けされる傾向が強く、都心までの距離は最重要な要素です。都心までの距離とマンションの住み心地のバランスを絶妙に表したものが不動産価格となります。

物件探しのコツというのは、わかりやすく言うと、山ほどある物件情報の中で値付けのイレギュラーを探す行為とも言えます。

「おや、この物件は相場に比べて安いぞ、なんでだろう？」と物件を直接見に行き、値段の安さの原因が、自分の手で改善可能なものなら、めっけもんです。

でも、「お買い得物件は、プロの業者にあらかじめ買われちゃうんじゃない？」と思う人もいるかもしれませんが、首都圏だけでも新規で出てくる中古物件情報は1日に100件以上。新築も含めればその数は数え切れません。さらに何百万円という価格帯の物件はプロから見たら旨みが少なく、そのため一般人が食い込める余地は十分にあるのです。

僕は講師に言われた通り、毎日、不動産情報をチェックしていました。

そんな時、一軒の物件情報が目に留まりました。

〈物件情報〉
築43年　38平米西向き
4階建ての1階
住所：神奈川県相模原市
最寄り駅：小田急線○駅　徒歩5分
価格：280万円

（こ、これは……。築40年以上だけど、相模原なら新宿まで40分、駅まで5分で280万円だったら割安じゃないのか？）

気になってすぐにその不動産情報を出している不動産屋に連絡を取りました。実際に行ってみたところ、5年間、誰も住んでおらず、中はまるで廃墟。お風呂は泥だらけで浴槽もない、トイレも便器すらついていない物件でした。普通の感覚の人なら280万円という価格でも購入を見送るような物件です。しかし、数多くの物件を実際に見てきた僕の見立ては違いました。

『この部屋はキレイにリフォームすれば、立地的（駅近5分、新宿まで40分）に、もっと高く売ることができるかもしれない。もし、貸し出したとしても家賃6・5万円くらいにはなりそうだ。リフォーム代と購入時の諸費用含めて500万円以内で済ませば、必ずプラスの利益が出せるはず……』

僕はここで少し迷いました。

本来、マイホームを安く購入して、住居費をタダにすることを目的に始めた不動産投資の勉強。実家の千葉県からも遠く、自分が住むには不便そうな物件を購入するのは、目的と違います。だけど、お買い得物件との遭遇という幸運に、僕の心は、ここ数年来で最も興奮していました。

僕は、人生で初めて100万円を超える買い物をする決心しました。

「この物件、買います！」

僕はすぐに購入申し込みを行い、マイホーム購入よりも先に、初めての不動産投資を行うことにしたのでした。

B 便器のないトイレ

A とにかく汚い玄関

Before

D 薄気味悪い室内全体

C 泥まみれの浴室

B' ちょっと狭いけどきれいなトイレ

A' きれいな玄関

After

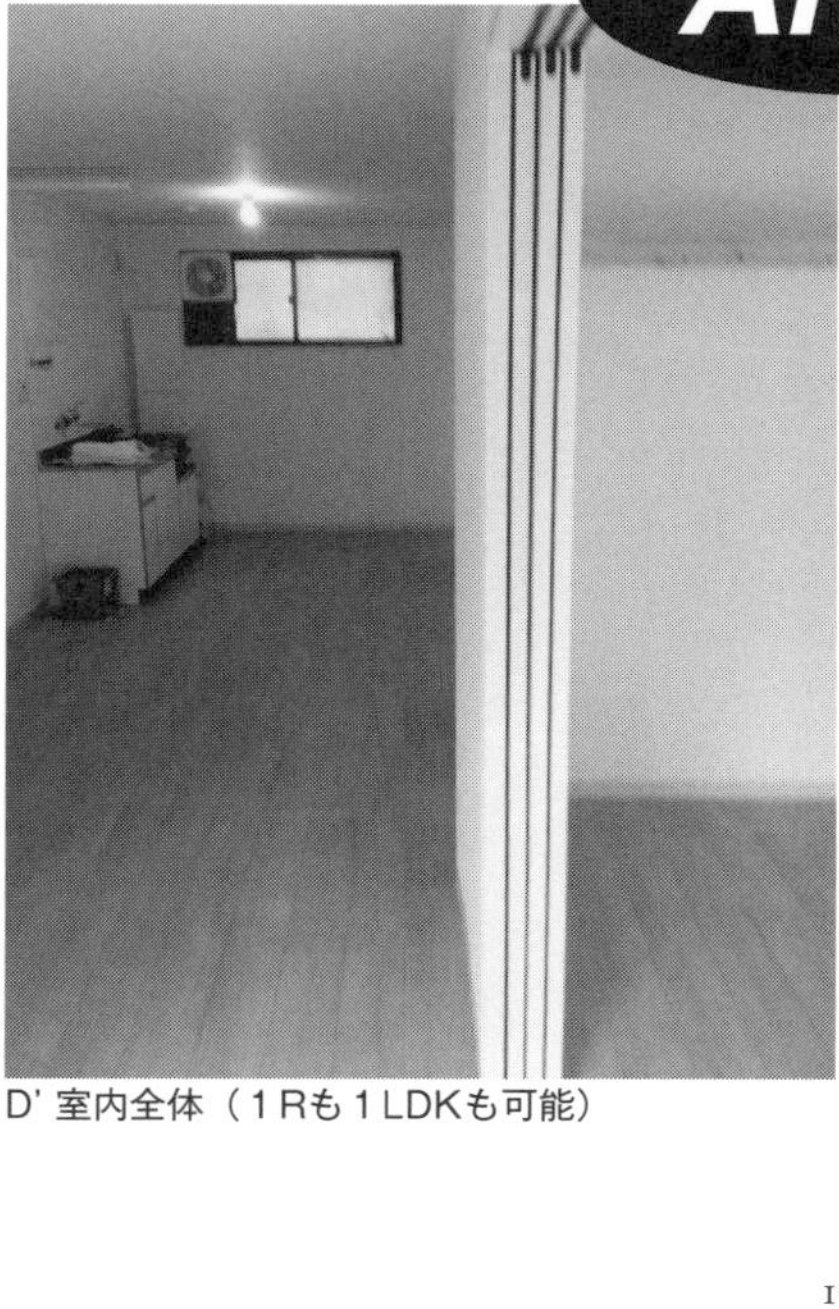

D' 室内全体（１Rも１LDKも可能）

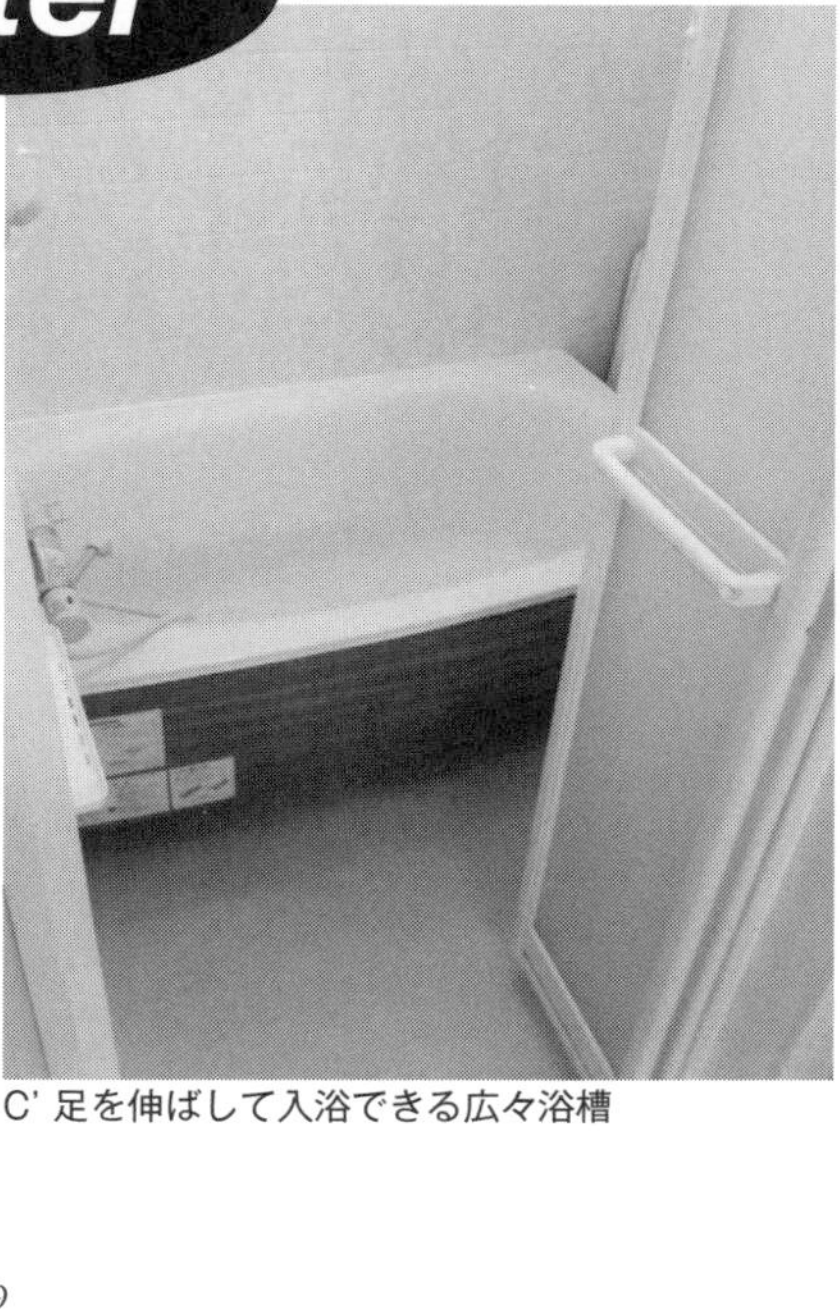

C' 足を伸ばして入浴できる広々浴槽

今から振り返ってみれば初めての物件購入は、不動産の購入とリフォームという経験を積む上でも非常によかったと思っています。

物件購入の流れを知ることができたこと、不動産契約時の緊張感を体感できたこと、リフォーム業者の選定方法や依頼の仕方、図面を引く上で注意すべきこと、リフォーム部材の手配、入居者募集の仕方など、確かに学校で学んできた知識もありましたが、やはり経験に勝るものはありません。

特に280万円という不動産としては低価格の物件だったので、失敗したとしても痛手はそこまで大きくありません。もちろん大金ですが、今後何千万とかかる住居費をゼロにできるかもしれない勉強代と思えば安いです。

この物件は、予定通りリフォームを終え、p159の写真のように見違えた形に生まれ変わりました。その後、いよいよ家賃6・5万円で賃貸に出してみると、すぐに入居者が見つかり、あっという間に契約成立。僕は自分の見立てが間違ってなかったことを知り、ほっとしました。

この物件は、今でも僕の大事な資産となっています。

僕が購入した時の品川の中古マンションの販売用チラシ

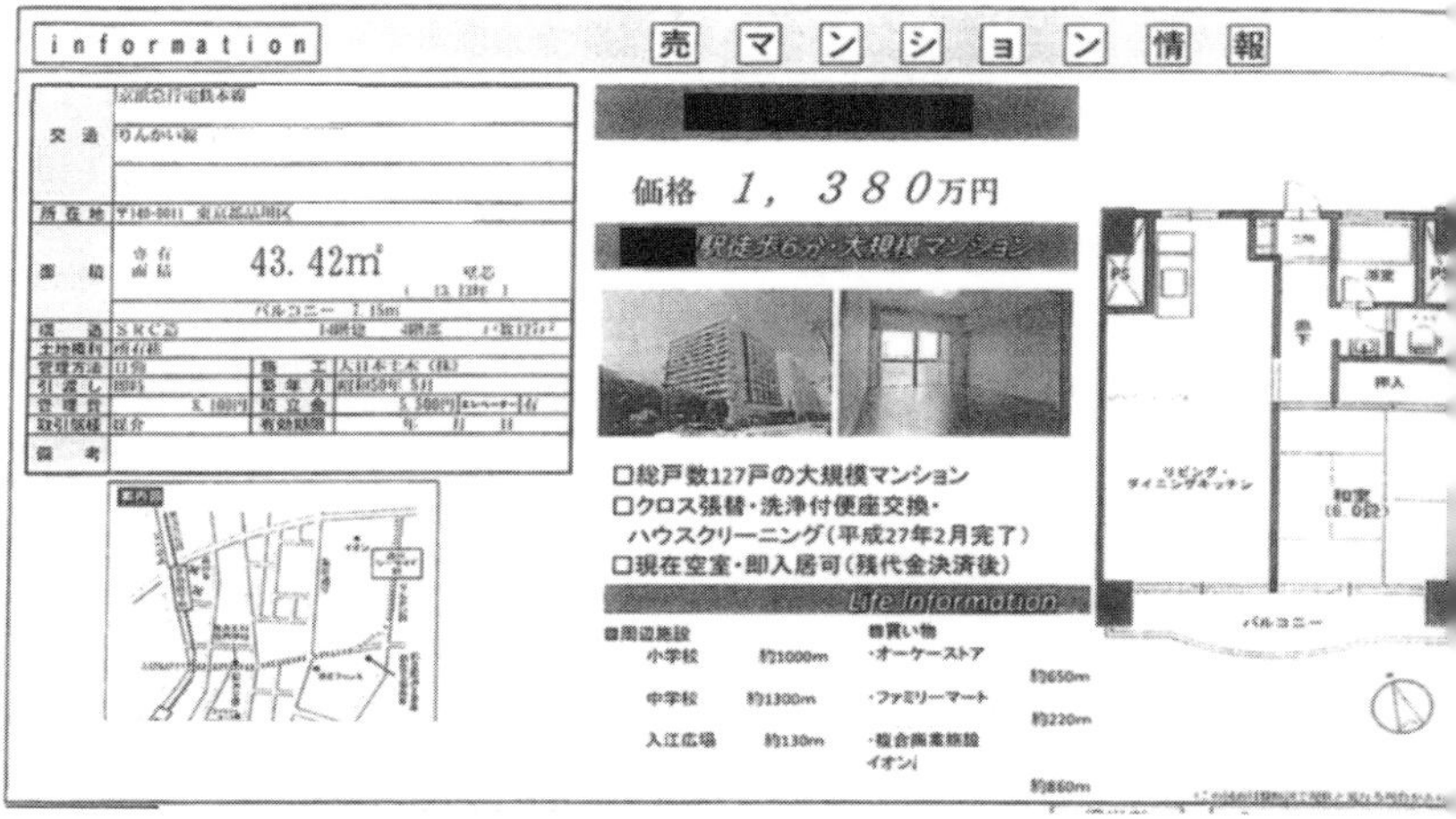
information
売マンション情報
[redacted]
価格 1，380万円
[redacted]駅徒歩6分・大規模マンション
交通 りんかい線
43.42㎡
□総戸数127戸の大規模マンション
□クロス張替・洗浄付便座交換・ハウスクリーニング（平成27年2月完了）
□現在空室・即入居可（残代金決済後）
Life Information
■周辺施設
小学校 約1000m
中学校 約1300m
入江広場 約130m
■買い物
・オーケーストア 約650m
・ファミリーマート 約220m
・複合商業施設イオン 約860m
リビング・ダイニングキッチン
和室
押入
浴室
バルコニー

品川で手に入れたダイヤの原石

相模原の物件を無事に軌道に乗せた頃、僕はようやく再就職先を見つけました。

最初の不動産投資の成功で気をよくしていたこともあり、逆風ばかりだった僕の人生にも、だんだんと追い風が吹いてくるのを感じました。

新宿にある未上場の会社で僕は事務職として働く傍ら、この勢いを活かすべく念願のマイホーム探しも熱心に行うようになりました。

そして、再就職から3ヶ月後、ついにマイホーム候補物件が見つかったのです！

〈物件情報〉
築37年　43平米南向き

14階建ての4階
住所：東京都品川区
最寄り駅：京急〇駅　徒歩5分
価格：1380万円

この瞬間、一見何の変哲もない物件情報が、ダイヤの原石のように僕の目には映り、スマホを触る僕の手はプルプルと震えていたのを今でもはっきりと覚えています。
品川近辺の物件相場でいえば2000万円で売り出されていてもおかしくない条件です。僕は、インターネットの物件情報を見終えてすぐに不動産屋さんに電話して、妻と一緒に現地に向かいました。
僕：「こんな物件はなかなか出ないよ。まさにダイヤの原石！」
妻：「なんか、この前もそんなこと言ってなかった？」
僕：「いや、この前はサファイヤくらいだったけど、今回はダイヤ！」
妻：「へぇー……」
どうやら、僕の興奮はうまく伝わらずに空回りしていたようです。この頃の妻は、再就職もできて元気になってきた僕の姿に喜ぶものの、投資全般についての僕の信用度は、まだ低い状態だったと思います。

いわゆる【破格】で売り出されている物件というのは、ネット上ではわからない様々な事情があります。もちろん、その部屋で人が亡くなったなどの事故物件もありますが、それはどちらかというと少数派で「相続で譲り受けたので、早く現金化したい」、「ローンの支払いができないので、すぐに現金に換えたい」、「買い替えや資産整理をしたいので、早く売りたい」という理由がほとんどです。

この品川の物件が、どういう事情で安くなったのかというと、オーナーは70代の老人で、半年前までは賃貸で貸し出していたのだけど、直近半年は借り手もつかず空き家状態。そろそろ先のことも考えて資産整理を早めにやっておきたい希望もあり、すぐに買い手がつくように安値で出したとのことでした。

そして、肝心の物件を見ると、古さや汚れが目立つものの、それを除けば南向きで日当たり良好、マンション自体も総戸数130戸のビッグコミュニティで管理もしっかりしていて、そろそろマンションの大規模修繕工事も予定していました。

※大規模修繕工事とは、10年から20年に一度、マンションの外壁を塗り直したり、定期交換すべき設備の交換・補修をするマンション全体の大規模工事のこと

部屋の汚さは、リフォームをすれば綺麗にすることができます。日当たりは申し分なく、最寄り駅までの距離も近い。外観の工事を待てば、築40年弱という古さも気にならなくなるでしょう。

不動産投資の知識と周辺相場について、しっかり頭に叩き込んで見学に出向いた僕は、現地を見て、これらの情報を聞いてさらに震えが止まりませんでした。

（この物件は、リフォームして、マンションの大規模修繕工事を待てば、周辺の相場から考えても将来2000万円以上で売れる可能性がある！）

仮説④　**元の値段より高く売れれば、その間の住居費はタダでむしろプラスになる！**

僕は仮説④の予感を覚えながら、妻にアイコンタクトをとった後、すぐに営業マンに伝えました。

「こ、これ、買います！」

不動産は基本的には早いもの勝ちで購入者が決まるので、判断の速さはとても重要です。そして、僕の判断の後押しをしたのが、半年間、毎日飽きもせずに新着物件を見続けて来た自信と、不動産投資を学ぶ学校で身に付けた知識でした。

この二つがなかったら、僕も迷って「もう少し安くなりませんか？」と交渉していたり、「一度持ち帰って考えてみます」と答えて、この物件は、きっと他の人に買われていたと思います。

ここで疑問に思う人もいるかもしれません。

「リフォームにしてもお金がかかるでしょう？　その費用分を換算して、安い値段で売り出してるんでしょ。リフォームを安く仕上げるなんて素人には無理じゃないの？」

たしかに、この時点で僕のリフォーム経験は相模原の1件のみ。しかし、元々リフォームありきのマイホーム購入目的で不動産スクールの講義を受けていた僕にとっては、リフォームは最も興味ある分野だったので、誰よりも熱心に学んでいたのです。

首都圏に存在している物件のほとんどが中古物件という現状から、不動産投資の知識の中でもリフォームは必須項目と言えるものでした。

ずばり、リフォームでコストを抑えるには、三つのステップがあります。

①自分で間取り図を書く
②徹底的に施主支給をする
③それを実現してくれるリフォーム業者に依頼する

僕がパワーポイントで自作した間取り図

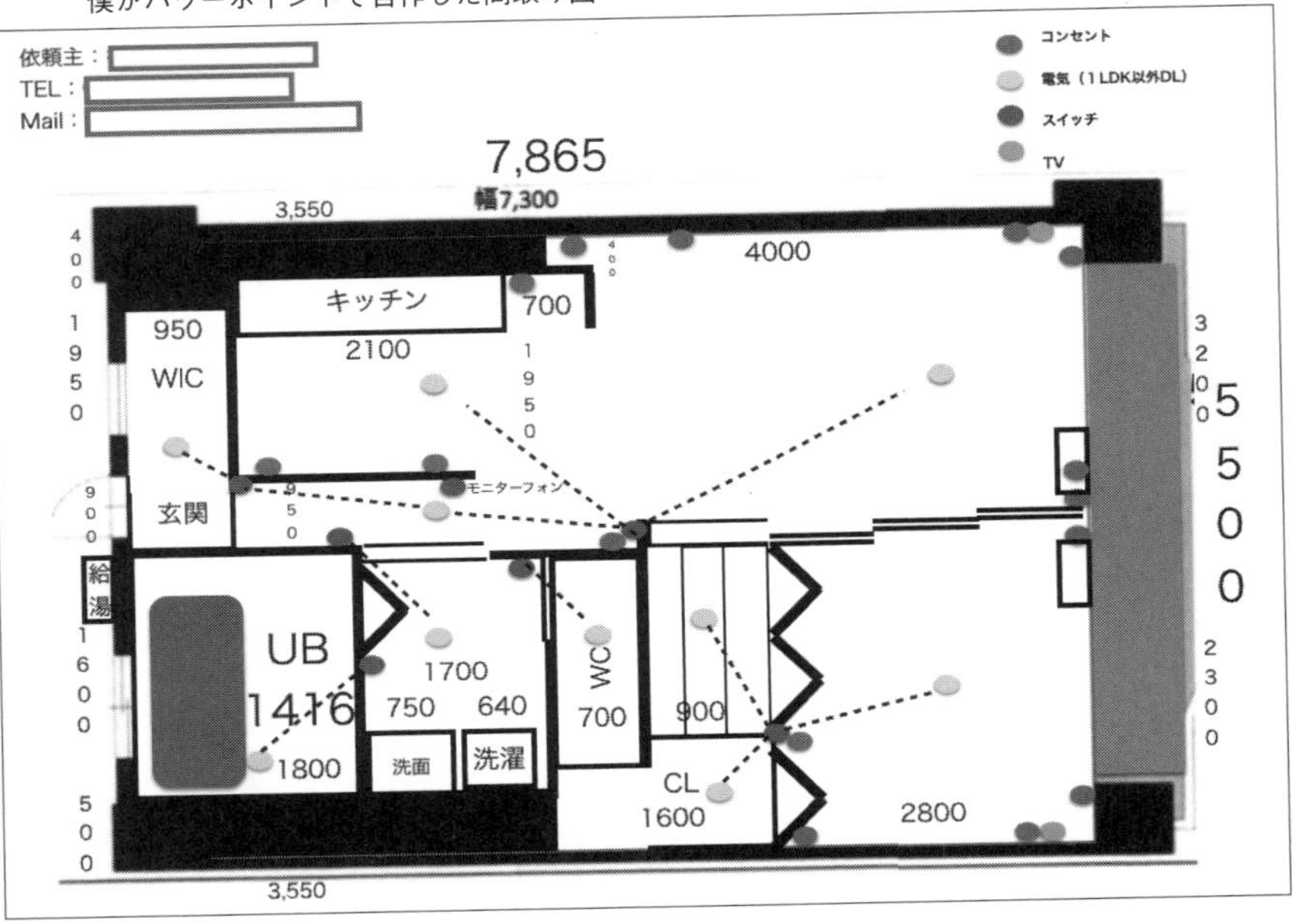

この三つは一見ハードルが高いように見えて、勉強すれば実は素人にも可能なのです。

①自分で間取り図を書く

設計について何も学んでいない素人ができるわけがないと思うかもしれませんが、僕の場合はパワーポイントの図形をつなぎ合わせてこんな感じで作ってみました。

電気やコンセントの位置も指定して、自分たちが暮らしやすいように生活導線を意識しています。最低限必要な要素さえ押さえておけば、特別なソフトがなくたって素人でも図

僕が施主支給した設備リスト

施主支給希望品	手配方法
ユニットバス（1416サイズ）（2室換気扇）	ショールーム施主支給専門卸
システムキッチン（I型210サイズ）	ショールーム施主支給専門卸
トイレ便器	アマゾン or 楽天市場
ウォシュレット	アマゾン or 楽天市場
洗面化粧台（750）	アマゾン or 楽天市場
洗濯防水パン（640×640）	アマゾン or 楽天市場
洗濯機用水栓（ストッパーつき）	アマゾン or 楽天市場
洗濯機用排水トラップ	アマゾン or 楽天市場
エアコン×2台	ヤフオク
給湯器20号（エコジョーズ）	ヤフオク
カーテンレール	アマゾン or 楽天市場
ホスクリーン（部屋干し機器）	アマゾン or 楽天市場
火災報知器×2	アマゾン or 楽天市場
洗面タオル掛け	アマゾン or 楽天市場
ペーパーホルダー	アマゾン or 楽天市場

面はひけるのです。

②徹底的に施主支給をする

次にコストカットできるのは、設備の手配費用です。通常、リフォームは一括で一つの業者に依頼して、設備に関してはお任せにする場合がほとんどです。

業者からは設備の手配費用と取付費用を一括請求されるので、当然、設備費用は割高になります。僕は、この設備調達のほとんどを自分でやることにしたのです（業者は取付のみ）。これを不動産用語では施主支給といいます。

③それを実現してくれるリフォーム業者に依頼する

僕は理想のリフォーム業者に出会うために合計7社から見積り手配をしました。リフォーム業者からすると、本来なら間取り提案や設備手配も全て含めて利益を乗せたいので、施主支給のリフォーム依頼は敬遠される傾向にあります。特に依頼主が素人だと、話が伝わりにくいので施主支給はあまりして欲しくないみたいです。しかし、こういう依頼でもきちんと対応してくれるリフォーム業者は存在します。

さらに、今回のリフォームでは、元の物件をスケルトンというコンクリートむき出しの状態にして徹底的に行うつもりでした。本来の節約だけを考えれば、汚いまま我慢して住んでも良いと思いますが、汚いマイホームでは気持ちも良くないし、僕は将来的に物件価値を上昇させて、売却することを視野に入れていたので、リフォームは徹底的に行う必要があったのです（仮説④を実証したい）。

このマンションはリフォーム後、僕ら夫婦が実際に入居しました。

何もかも自分たちで行ったリフォームは何より愛着がわき、夢のマイホームとして夫婦ともに大変満足できました。

最終的に僕ら夫婦は、このマンションに2年間住み、名残り惜しかったのですが、いよいよ売却することを決意しました。

僕が売却した時の品川の中古マンションの販売用チラシ
(p161のチラシと同じ部屋です！)

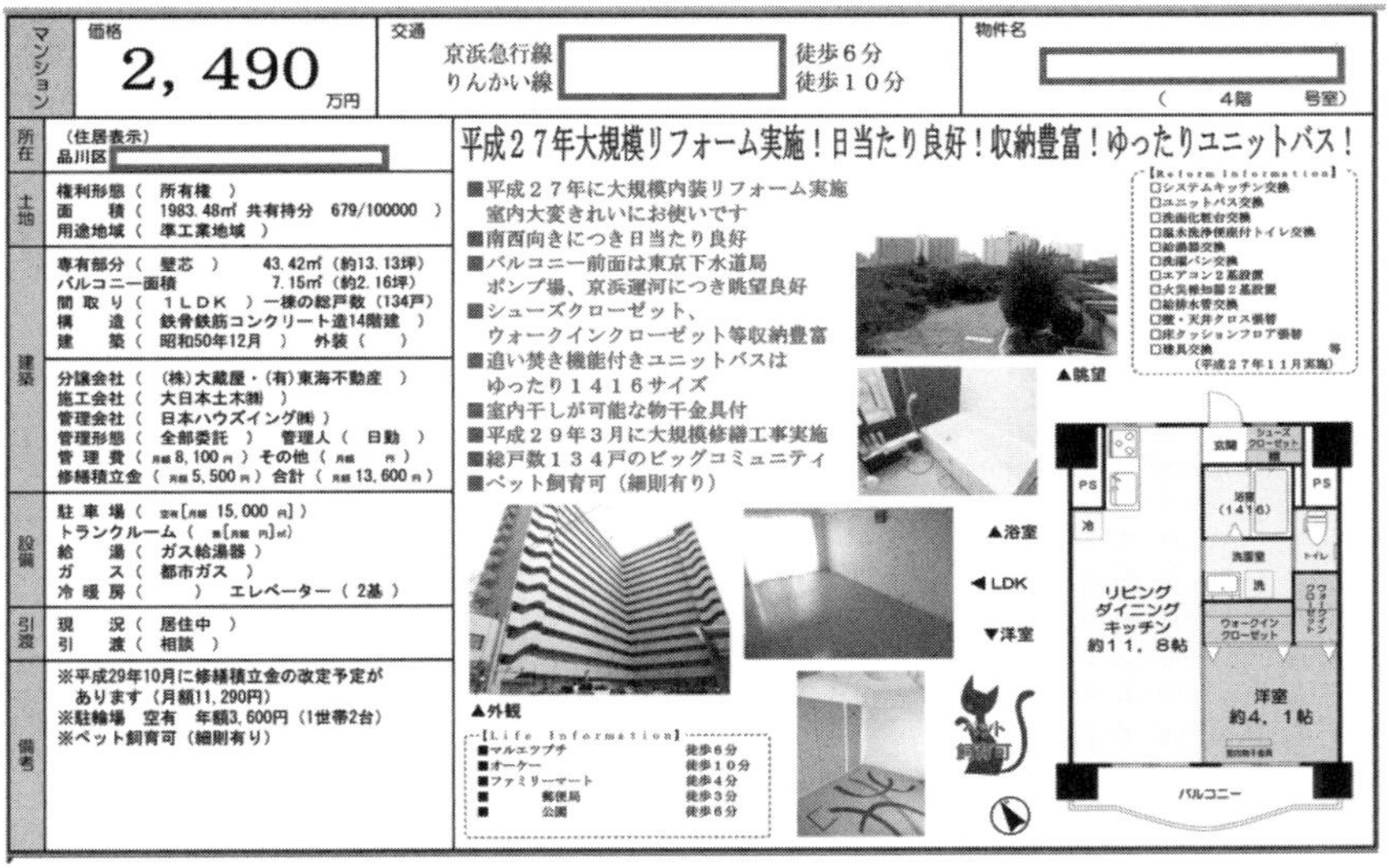

マンション　価格　2，490万円
交通　京浜急行線　徒歩６分　りんかい線　徒歩１０分
物件名　（　4階　号室）

所在　（住居表示）品川区

土地
権利形態（　所有権　）
面　　積（　1983.48㎡ 共有持分　679/100000　）
用途地域（　準工業地域　）

建築
専有部分（　壁芯　）　43.42㎡（約13.13坪）
バルコニー面積　7.15㎡（約2.16坪）
間取り（　１ＬＤＫ　）一棟の総戸数（134戸）
構　　造（　鉄骨鉄筋コンクリート造14階建　）
建　　築（　昭和50年12月　）　外装（　）
分譲会社（　(株)大蔵屋・(有)東海不動産　）
施工会社（　大日本土木(株)　）
管理会社（　日本ハウズイング(株)　）
管理形態（　全部委託　）　管理人（　日勤　）
管理費（月額8,100円）その他（月額　円）
修繕積立金（月額5,500円）合計（月額13,600円）

設備
駐車場（　空有[月額　15,000円]）
トランクルーム（　無[月額　円]㎡）
給　　湯（　ガス給湯器　）
ガ　　ス（　都市ガス　）
冷暖房（　）　エレベーター（　2基　）

引渡
現　　況（　居住中　）
引　　渡（　相談　）

備考
※平成29年10月に修繕積立金の改定予定があります（月額11,290円）
※駐輪場　空有　年額3,600円（1世帯2台）
※ペット飼育可（細則有り）

平成２７年大規模リフォーム実施！日当たり良好！収納豊富！ゆったりユニットバス！

■平成２７年に大規模内装リフォーム実施
室内大変きれいにお使いです
■南西向きにつき日当たり良好
■バルコニー前面は東京下水道局
ポンプ場、京浜運河につき眺望良好
■シューズクローゼット、
ウォークインクローゼット等収納豊富
■追い焚き機能付きユニットバスは
ゆったり１４１６サイズ
■室内干しが可能な物干金具付
■平成２９年３月に大規模修繕工事実施
■総戸数１３４戸のビッグコミュニティ
■ペット飼育可（細則有り）

【Reform Information】
□システムキッチン交換
□ユニットバス交換
□洗面化粧台交換
□温水洗浄便座付トイレ交換
□給湯器交換
□洗濯パン交換
□エアコン２基設置
□火災報知器２基設置
□給排水管交換
□壁・天井クロス張替
□床クッションフロア張替
□建具交換　等
（平成２７年１１月実施）

▲眺望
▲浴室
◀LDK
▼洋室
▲外観

【Life Information】
■マルエツプチ　徒歩６分
■オーケー　徒歩１０分
■ファミリーマート　徒歩４分
■　郵便局　徒歩３分
■　公園　徒歩６分

マンションの売却価格はなんと2490万円。

実際のところ、購入時と売却時にはそれぞれ仲介手数料や不動産登記などの諸費用がかかっていますし、リフォーム代もかかっているので、購入時と売却時の差額がそのまま収入になったわけではありませんが、僕はこの取引で約600万円の利益を得ることができたのでした。

そして、やっぱり嬉しいのは、買った金額よりも高値で売れたので、2年間このマンションに住んでいた住居費の実質負担は0円だったこと！　まさに当初の目的を達成したことになりました。

売却できるまでまったく信じてくれなかった妻も、この時、初めて僕の努力をやっと認めてくれました。

ですが、妻の本音を言うとこの品川のマンションが非常に気に入っていたみたいで、「引っ越したくない。売却益なんてどうでもいーよ」とずっと言っていました。

それでも、僕の「きっと成功するから！」の言葉の信用力は以前に比べれば、少しは上がったと思います（笑）。

銀行ローンと不動産購入の話

住居費をゼロにしたい、という希望から始まった僕の不動産投資。それは見事に達成されましたが、その間には、人には言えない苦労もいくつかしています。

その中でもやっぱり、お金についての苦労は一番大きかったです。

不動産を購入するには、高額なお金を用意する必要があり、その準備には毎回苦労します。

ちなみに、不動産のスクールでは積極的に金融機関を利用することを推奨していました。さまざまな理由が挙げられますが、その本質的な部分を講師の言葉を借りて説明するなら次の通りです。

「自分のお金には限界があります。個人が大きなお金を動かすために金融機関は存在します。不動産はとても大きな買い物なので、自分のお金だけでは何度も経験を積むことはできません。金融機関を上手く利用して、たくさん経験を積んでください。そうすることで、利息の支払額以上にとてつもなく大きな効果が得られるはずです」

講師の言う事はなんとなく理解できましたが、問題は僕の信用力です。事故で何年も定職につかず、再就職にも苦労し、やっと見つけた再就職先もやはり手取り22万円で落ち着いてしまった僕に、銀行はすんなりお金を貸してくれるのでしょうか？

結論からいうと、お金は一切貸してくれませんでした。

いや、予想はしていたのですが、受け入れられない自分がいたというべきか……。

僕：「この物件を購入したいので、住宅ローンを申請します」
融資担当者：「ふむ。では昨年の源泉徴収票を出してください」
僕：「交通事故に遭ったので、昨年は仕事を辞めてリハビリをしていました。だから昨年分の源泉徴収票はありません。しかし、（傷病手当金の受取証明を出しながら）

働いていなかった期間も収入はありました。(雇用契約書を見せながら) そして今は再就職しているので、今後はこれだけの収入を見込んでいます。また、現在御行をメインバンクとして使用しており、(口座情報を見せながら) これだけの金融資産があります。証券口座も開設して取引させていただいています」

融資担当者：(口座情報を見ながら)「おお。すごいですね。現金で買えば良いのではないですか?」

僕：「住宅ローンで買いたいんです」

融資担当者：「そうですか……。残念ですが、融資はできません」

僕：「えっ⁉」

融資担当者：「住宅ローンは、あなたが今後働いて稼ぐ能力とお身体を資本としてお金を貸すものです。残念ながら、再就職したばかりのあなたに、お金を貸すことはできません。せめて3年分の源泉徴収票を準備してからまたお越しください。ご利用ありがとうございました」

やり取りを、ほぼ脚色ナシで再現しています。

そしてこのやり取りは約2分でした。ここに来るまでの僕の準備は2日以上。

直近1年間、働いていなかったこと、転職して間も無いことが不利に働くことは予想していましたが、門前払いをくらうとは……。

ローンを通してもらうために、いろんな書類を準備したこの2日間はいったい……。

一応、他の銀行も2行ほどトライしてみましたが、1行目の担当者ほどではないにしろ、結果としては住宅ローンの本審査前の仮審査を通すことすらできませんでした。

さて、どうしよう？

自分のお金で購入することはできても、講師の教えを思い出すと手持ちのお金は減らしたくありません。やはり、虎の子の現金はとっておきたい。考えに考えて、僕はここで一般的には禁じ手と思われている、ある一手を使おうと覚悟を決めたのでした。

住宅ローンを断られた僕が選択した禁じ手

信用力は何も銀行だけに評価されるものではありませんが、住宅ローンを断られた僕は自分の社会的信用力の無さにがっくりしました。

しかし、落ち込んでばかりもいられません。落ち込んでいる間にも条件の良い物件は、どんどん先を越され、買われていきます。

僕は自分が使える武器はなんだ？　と紙に書きだしました。

・若さ（当時ぎりぎり30歳手前）
・冴えないながらも5年間営業をして培ったプレゼン能力と交渉力
・それまでの投資信託で積立てた２０００万円以上の資産
・みっちり勉強した不動産投資の知識
・妻（結婚しているということ。やはり社会的信用は少し上がります）
・家族
・信頼できる友達が５人
・今後働ける身体（この時点では、健康で丈夫な身体とはいえません）

この武器から導き出せる選択肢は……実はそんなに多くありません。せいぜい現金で買うか、別の銀行を探すか、妻の名義で借りるか、あるいはお金を持ってる友人から借りるか……。

しかし、ここで僕が選択したのは、一般的に避けた方が良いといわれる禁断の一手、冴えないながらも5年間営業をして培ったプレゼン能力と交渉力を駆使して、身内である家族から借りるという選択でした。

家族からお金を借りると聞いても、想像する状況は人によって違うでしょう。とてもじゃないけど、家族間でお金の貸し借りなんてできないという事情の家もあると思います。

幸い、僕の家はお金のトラブルの少ない一般家庭でした。現役サラリーマンで、生計を立てている父と専業主婦の母、独立して一家を構えている兄と他家に嫁いだ姉がいます。僕は３人兄姉の末っ子です。

銀行ローンの件で散々な思いをした僕は、まず最初に、家族間で自分の信用力を上げる努力をしました。

僕は家族全員の前で自分がこれまでやってきたことを説明し、自分の保有資産を全て公開しました。そして、自分が発見した世界経済成長の法則を兄姉にも実感してもらうべく、自作のプレゼン資料を作成。なんと、ページ数は１７６ページ！

熱弁をふるうこと約5時間。パワーポイントの一枚一枚から熱意がほとばしっています。信用とは一朝一夕にはできません。僕はただ兄姉や家族のために熱く語りました。

プレゼンが終わって。

僕のプレゼン資料の一部

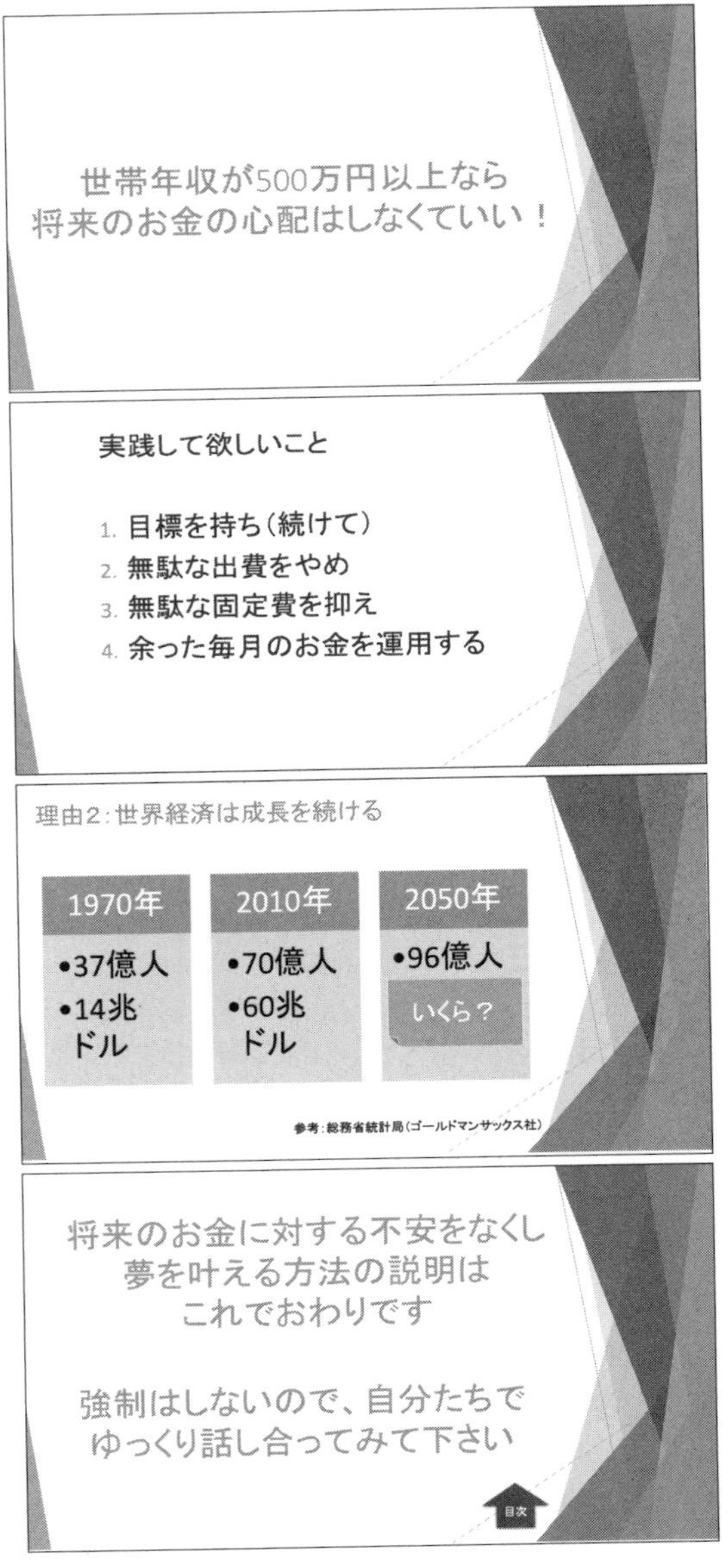
世帯年収が500万円以上なら
将来のお金の心配はしなくていい！
実践して欲しいこと
1. 目標を持ち（続けて）
2. 無駄な出費をやめ
3. 無駄な固定費を抑え
4. 余った毎月のお金を運用する
理由2：世界経済は成長を続ける
1970年
•37億人
•14兆ドル
2010年
•70億人
•60兆ドル
2050年
•96億人
いくら？
参考：総務省統計局（ゴールドマンサックス社）
将来のお金に対する不安をなくし
夢を叶える方法の説明は
これでおわりです
強制はしないので、自分たちで
ゆっくり話し合ってみて下さい
目次

兄「はじめが頑張っているのはよくわかったし、この方法ならお金が増えそうな気がした。教えてくれて、ありがとうな」

姉「あんたってやっぱり普通じゃないよね（笑）。事故にあってパワーアップしてる」

父「理にかなってるな、父さんも投資信託してみるかな」

僕「そうだね、お金を増やすなら銀行以外の方がいいと思う」

さりげなく、自分の主張を交えつつ、その後も資産運用や投資信託選びのアドバイスをすることで、家族間の自分の信用力を頑張って上げていきました。

そして、運命の借金の申し込み。

この時、僕はまず兄から借りることを選択しました。

父から借りてしまうと、他の兄姉に対して不公平になるし、相続の時に揉める元になることを考慮して、独立している兄ならば、条件によっては貸してくれるかもしれないと思ったからです。

いよいよ当日、兄に逢う時は、銀行に申し込んだ時よりもドキドキしました。家族に金を借りる方が気楽だと感じる人もいるかもしれませんが、僕の場合は他人である銀行よりも身内の方がずっと気を使いました。

僕は借金の理由を物件購入のためだと、兄に正直に伝えました。そして、銀行ローンが使えないことも伝え、借金の条件も合わせてちゃんと伝えました。

・500万円を15年間、金利1%で貸してほしい
・毎月2万9925円、兄が指定する口座に振込む

・15年間で５３８万６５００円の返済になる
・もし兄が、お金が必要になったら３ヶ月以内に一括で残金を返済する

僕と兄が結んだ借用書

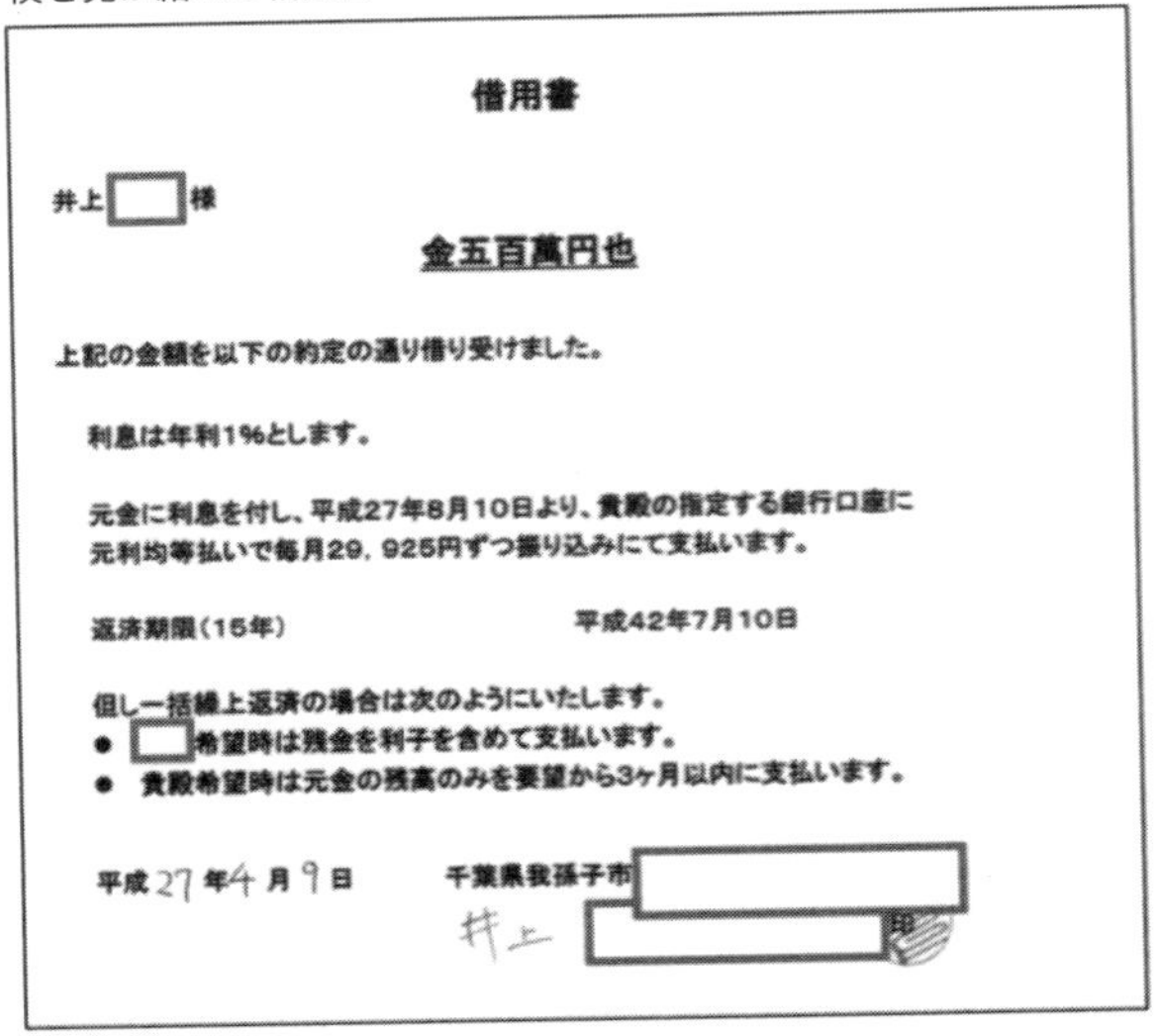
借用書

井上[redacted]様

金五百萬円也

上記の金額を以下の約定の通り借り受けました。

利息は年利1%とします。

元金に利息を付し、平成27年8月10日より、貴殿の指定する銀行口座に
元利均等払いで毎月29,925円ずつ振り込みにて支払います。

返済期限（15年）　　平成42年7月10日

但し一括繰上返済の場合は次のようにいたします。
● [redacted]希望時は残金を利子を含めて支払います。
● 貴殿希望時は元金の残高のみを要望から3ヶ月以内に支払います。

平成27年4月9日　　千葉県我孫子市[redacted]
井上[redacted]印

兄にとっては当時の銀行金利（約０・０１％）の１００倍の金利をもらえるという提案です。僕にとっても、この金利であれば住宅ローンの金利とほぼ同じ金利なので、メリットは大きいです。そして、いつでも全額支払える能力があることを、その場で口座残高情報にアクセスして証明しました。

結果として、兄はお金を貸すことを承諾して、僕は５００万円を借りることができました。

兄弟間といえど、きっちり借用書も作

成しました。ただ、銀行からお金を借りていないので、ローン事務手数料や金銭消費貸借契約という銀行融資に必要な契約も結ばなくてすみます。これらは親族内ローンという形で、もちろん確定申告の際に、ローンを組んでいることをちゃんと申告しています。

あれから、3年以上が経ち、今でこそ、住宅ローンの申請が通るようになりましたが、職歴もほぼない準ニートで銀行ローンの審査落ちをするような僕が、最初のはずみをつけるために多額の現金を身内から借りられたのは、本当に幸運だったと思います。

ただ、身内だからと、甘えることなく返済計画通り、現在も金利を兄に払い続けています。

親族内ローンを使う際の注意点

親族内ローンと聞くと「親族なら簡単じゃん」と思う人もいると思います。

しかし、経験した僕の感覚ですが、銀行以上に難しい部分も多々あります。

仮に僕がお金を返済できなくなったとしたら、銀行なら最悪、自己破産すれば借金はチャラですが、家族の場合はそうはいきません。たとえ返済できないことを許してもらえたとしても、家族関係は崩壊してしまうでしょう。

親族にお金を借りるというのは、それほどナーバスなことだと思います。だからこそ、借用書も作るし、確定申告もしています。それは親族に対しての誠意もあるけど、絶対にトラブルを起こさないという僕自身の決意でもあるのです。

この4年間でかかった住居費はゼロ

第3章では、最初に購入した2軒の話を取り上げましたが、その後も物件の購入&売却をつづけ、2020年現在、もうすでに9軒の売買をしています。

まだ保有して賃貸に出している物件もありますが、購入→リフォーム→引っ越し→次の家を購入→リフォーム→引っ越しと、売却益を出す売買をしています。ちなみに、こういう手法はヤドカリ投資法というのだそうです。

おかげで、2015年以降でかかった住居費は、本当に0円です。

この工夫のおかげで、第2章でお伝えした積立投資額も現在では毎月30万円まで増やすことができています。

手取りが22万円のままなのに、ですよ！（計算が合わないじゃないか、とお思いの方

は、第2章の「3つのルール」を再度お読みください）
僕が約1年間、必死でがんばって身に付けた不動産投資の知識は、確実に僕の資産額にプラスの影響を与えてくれています。

目利きはお金を生む

2015年1月に不動産投資の勉強を始めて以来、気がつけば僕は、首都圏の築40年前後の40〜60平米、室内がかなり汚い、駅近マンションばかりを得意とする不動産投資家になりました（節約マイホーム投資家という言い方がふさわしいかも）。

ある時、妻にこんなことを言われました。

「2万円の洋服は買えないのに、2000万円の家は簡単に買うよね。スーパーに買い物に行くみたいに……」

それを聞いた時、おもわず笑ってしまいました。僕は、洋服にはあまり興味がありません。だから、洋服の相場がわかりません。判断できないから、ちょっといい洋服を購入することには躊躇してしまうのです。

だから基本的には、ちょっといい洋服を買う時は必ず妻に一緒についてきてもらいます。妻のほうが、値段に見合った僕に似合う服を選んでくれると思うからです。

そんな僕ですが、いつも見ている不動産の目利きはかなり的確です。内装の古い駅近マンションであれば、「マンション名」「広さ」「最寄り駅の駅名」「築年」がわかれば、ある程度の相場はわかります。

だから、良い買い物ができるかどうかの判断がつけられ、2万円の洋服を買う時よりも自信を持って購入することができるのです。

これって、目利きがお金を生んでいる状態で、僕は不動産投資をしてリターンを受け取っているというより、最初に頑張って自分の脳みそに投資をしたおかげで、そのリターンを受け取っているという感じです。もともとは住居費を節約したいという願望から始めたことなので、世の中、何が功を奏するかわからないですね。

不動産売買で本当に嬉しい瞬間

本来、不動産投資を副業にするのであれば、極力自分の手を動かさずに、安定した家賃収入を手に入れられることが最大の魅力です。

でも、僕のように、手間暇かけて図面を書いたり、自分で施主支給したり、リフォーム期間中にも10回以上現場に通い、完成したらそこに引っ越すという行為は本来の不動産投資からしたらかけ離れた行動だと思います。

住所を変えるための手続きも慣れない人からすれば大変ですし、役所からしたら住所を転々とし過ぎてて、夜逃げしてばかりいると思われてるかもしれません。

でも、毎回自分でリフォームをするおかげで、よりきめ細かなリフォームができるようになり、自分が住みやすく満足度が高い家づくりができるようになりました。

さらには自分が丹精込めて完成した家を、誰かが「○○円で買いたい」と言ってくれるのは、仕事で評価される以上にとても嬉しい瞬間です。僕の天職はリフォーム業者なのかもしれません（笑）。

第4章　億万長者になって具体的に変わったこと

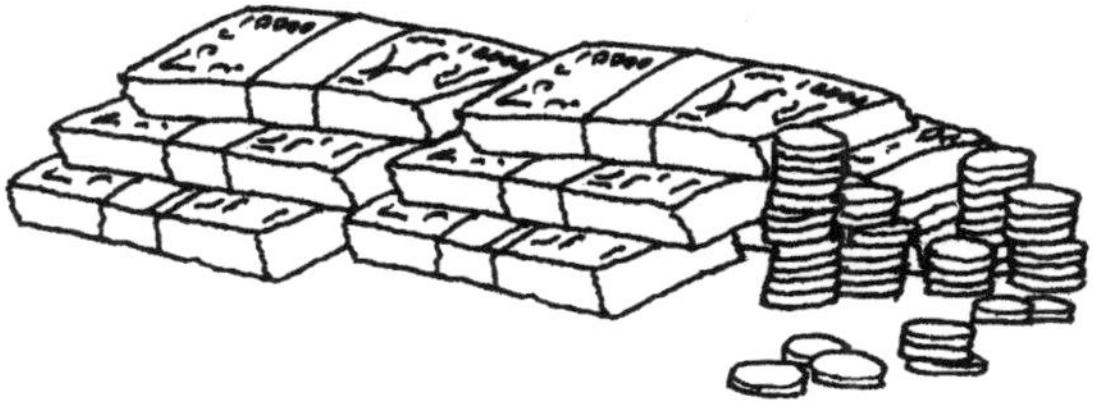

僕の全資産を公開します

第2章では、僕が投資信託によってどのように資産の基礎を築いてきたかをお伝えしてきました。第3章ではさらに僕が不動産投資によってどのように資産を拡大してきたかをお伝えしてきました。

ではここで、僕がどのようにして1億円を貯めたかわかるように全資産を公開したいと思います。とはいえ、ここまで読んでいただいている方であれば、もう薄々気づいている人も多いかもしれませんね。

では順を追って説明していきます。

○投資信託の積立運用：3600万円

僕は2007年8月から投資信託の積立運用を始めて、2013年の時点で2200

万円を貯めたあとも、毎月20～30万円単位で積立運用を続けています。２０１３年の時点で投資信託は一度全て現金化したので、そのお金を再投資する形で積立額を増やしていっています。

２０１９年の時点では、投資信託だけで総額３６００万円を超えるようになりました。１５００万円くらいが自分で積立てた額なので、約10年で２１００万円くらい増えたことになります。

○交通事故の保険金：１０００万円

僕の運命を変えたと言ってもいいほどの交通事故によって、相手からの保険金は支払われなかったのですが、後遺症が残ったこともあり、自分が加入していた保険（無保険車障害保険）によって約１０００万円の支払いを受けました。事故から4年後にやっと手にした予想外の大きな収入ではありますが、失ったものも大きかったので、金額だけでは計れない問題ですね。

○株式投資：５００万円

２０１３年に投資信託を現金化してからは、デイトレード以外の株式投資も行っています。お金を増やすこともできましたが、本来は株主優待を得ることで日々の食事代や映画鑑賞などの娯楽代を節約する目的です（『月曜から夜ふかし』という番組を見て、桐谷さんという方に影響を受けました）。

○不動産：９５６０万円

あとは、不動産です。２０１９年４月時点で、僕は今持っている不動産を全て売却した場合、少なく見積もっても９５６０万円くらいの価値があると試算しています。

僕の全金融資産は以下の通りとなります。

投資信託　：３６００万円（節約して貯めたお金含む）
保険金　　：１０００万円
株　　　　：５００万円
不動産　　：９５６０万円
合計　　：１億４６６０万円
※税金や、売却時の手数料を考慮した金額です。

つまり総資産1億4660万円の立派な億万長者です！

でも、ズルいですよね……。第3章で紹介した通り、僕は住宅ローンを含めて兄以外の家族からも多大な借金をしています。その額なんと7040万円。全資産の合計から借金（負債）を引くと、

1億4660万円－7040万円＝7620万円となります。

つまり僕の本当の資産は約7600万円なのです（2019年4月時点）。

書籍のタイトルであるにもかかわらず、ウソをついてスミマセン！　でも、40歳になる前に資産1億円を達成できるということは確信しているのです。

（追記）2021年2月、僕の純資産は念願の1億円を超えました（35歳）。

保有していた不動産を2軒売却したことが大きく影響しているのですが、この本でお伝えしたいことは、誰でもできる30年で1億円を貯める方法です。

いずれにしても、33歳の時点で僕が達成できたのは純資産ではなく総資産での1億円。

それについては謝るしかありません……。

自分の「今」を把握する

僕は毎月、自分が保有している資産の時価（借金を含む）を記載して管理する表を更新しています。第2章でお伝えした「3つのルール」の中の「記帳ルール」の延長的な作業です。さらに、毎年年末年始には、今後の人生で発生するであろうイベントや、そこでかかる費用などを一覧にしたライフイベント・キャッシュフロー表（左ページ参照）を作成しています。今後の人生でやりたいことを、いつ頃おこなって、そのためにはいくらくらいの費用がかかるのかを試算するもので、これら二つの表を念頭におきながら日々の生活を送っているのです。

僕がその二つの表を作り込んでいる理由は大きく二つあります。

一つは、家計と経済の「今」に興味を持つことができるという点です。保有資産の時価管理表を毎月記入しているおかげで、支出が多い月は妻と一緒にクレジットカードの明細をチェックして、出費が多かった理由を考えることができます。夫婦でお金について話し合うことができる貴重な時間です（家計簿的な感覚ですね）。

僕のライフイベント・キャッシュフロー表

1億円達成！（2022年）

西暦	2018	2019	2020	2021	2022	2023	2024	2025	2026
ライフイベント表									
構成・ぼく	33	34	35	36	37	38	39	40	41
構成・妻	33	34	35	36	37	38	39	40	41
イベント・仕事		書籍出版		契約社員	契約社員	バイト	ペンション経営	ペンション経営	ペンション経営
イベント・住宅	マイホーム（首都圏）	マイホーム（首都圏）			マイホーム（首都圏）	熱海賃貸	マイホーム（郊外）		
イベント・旅行	春：台湾 夏：北海道	冬：沖縄 夏：北海道	海外	夏：北海道 冬：沖縄	海外	夏：北海道 冬：沖縄	国内外色々	夏：北海道 冬：沖縄	海外
イベント・イベント	バイク購入	五輪チケット購入	東京五輪開会式&閉会式	スイート10		WBC全米ツアー		40歳記念車購入	
イベント・不動産	1棟地方 高収益区分 区分売却	1棟高利回り 平井区分売却	1棟地方	区分入替 法人成		1棟入替 首都圏	首都圏 区分入替		1棟 首都圏
イベント・教育									
イベント・出産									
キャッシュフロー表（単位：万円）									
収入									
ぼく給与	330	330	340	280	280	120	120	120	120
妻給与	150	150	150	150	150	50	50	50	50
不動産事業	192	180	230	300	300	250	300	300	300
区分売却益			100		100		100		
その他事業	50	50	50	50	50	50	50	50	50
その他	100	100	100	100	100				
分散投資運用売却益	100	50	50	50	50	50	50	50	50
①収入合計	922	860	1020	930	1030	520	670	570	570
支出									
基本生活費・住居費	0	0	0	0	0	0	0	84	84
基本生活費・食費	60	60	70	70	70	70	70	70	80
基本生活費・教育費									
基本生活費・生活費	120	130	130	140	140	140	150	150	150
基本生活費・贅沢費	70	50	50	50	50	50	50	120	50
基本生活費・イベント	50	30	40	50	30	80	20	30	20
基本生活費・旅行	50	30	30	30	30	30	100	30	80
基本生活費・社会保険料							20	20	20
②基本生活費計	350	300	320	340	320	370	410	504	484
⑤支出合計＝②+③+④	350	300	320	340	320	370	410	504	484
年間収支＝①－⑤	572	560	700	590	710	150	260	66	86
貯蓄残高	6,752	7,312	9,300	9,890	10,600	10,750	11,010	11,076	11,162

※ライフイベント・キャッシュフロー表の大きな項目として、「収入」「支出」「年間収支」「貯蓄残高」があります。この四つの数字が入ることで、将来にわたる家計の全体像を把握することができます。

そしてもう一つは、人生におけるモチベーションです。

毎月毎月、増えたり減ったりする保有資産の時価管理表を記載したり、毎年、年末年始の休みには丸3日くらいかけてキャッシュフロー表と人生のやりたいことリストを作り込む作業は、心の底からワクワクすることなのです。

小さな数字の変化でも、そこにはドラマがあると言ったら言い過ぎかもしれませんが、着々と自分の人生を形作ってる何かが、充足していく感じがあります。

これら二つの表を作っていると、「1億円」というお金が、単なる数値としての目標ではなく、自分の人生でやりたいことを叶えるためのツールだと思えるのです。

人生が変わったと実感したのは2000万円を貯めた時から

ここまでで、僕は自分がお金を増やしてきた方法をほぼ全てお伝えしてきました。僕の資産も全て公開しました。

給料が少なくても、節約して生活し、余ったお金は銀行ではなく世界経済に預けて資産の基礎を築き、その資産を武器にしてお金を借り、マイホームを安く購入して高く売却することで1億円を貯めてきたというものです。

しかし、**この本を読んだみなさんに実践してほしいのは、毎月できる範囲で世界経済に資産を預けてみるという行為だけ**です。

そのステップまでなら多くの人が実践し、成果を上げることができると思っているからです。

節約と世界経済に資産を預けるだけだと、1億円を貯めるのに30年以上かかってしまうかもしれません。そしてそんなに長期間できないという人もいるかもしれません。

それでも、僕はやっぱりその方法を推奨します。

なぜなら、お金が増えていくことを実感したら、どんな人でも、自然と人生の選択肢が増えてることに気づくと思えるからです。

僕が人生を変えられるかもしれないと思ったのは、2000万円の資産を手にした時でした。頭の中で思い描いていたけど無意識に諦めていたことが「できるかもしれない」と思うだけで、人間はきっと行動が変わります。自然と自分の人生に積極的になり、自分の人生に対して自由と責任感が芽生えます。

この本でみなさんに知ってもらいたいのは、**最初に頑張ってしっかり世界経済への積立を行うと、そこから先は給与収入を積立てる苦労をしなくても資産は勝手に増えてい**

くということです。

毎月10万円の積立を10年間頑張ることができ、もしも資産が2倍以上になっていれば、そこから先は節約をしなくても積立投資の原資は用意できているはずです（第2章参照）。

僕の場合、デイトレードやアフィリエイトに挑戦することができたのも、全てはその時点で、2000万円以上の資産を築いていたからに他なりません。

節約マイホームを購入するために、不動産スクールの受講料を支払えたのも、親族からお金を借りられたのも、マイホームを何回も購入し、不動産を売買する経験を積むことができたのも同様です。

もしあなたが、給料が増えない日常を送っていたとしても決して悲観する必要はありません。能力が低くても、給料は増えなくても、お金を増やすことはでき、本当は人生にはいくつも選択肢が広がっていることを気づいてほしいのです。

僕みたいなダメリーマンにできたのだから、この本を読んでみようと思ってくれた人にできることはずっと多いはずです。

お金が増えるとやるべきことが明確になってくる

お金は一度貯まっていく方向にシフトさせると、その人の生き方や考え方、人生までもが徐々に、そして確実に変化していくのだと僕は身をもって経験しました。

「夏は北海道、冬は沖縄で暮らしたいなぁ」

僕が学生時代にぼんやりと抱いていた夢は、社会人になったばかりの2007年から最初の5年間、叶うはずのない妄想物語でした。

正直、その夢（妄想）を叶えるために何をすればいいのかもわかりませんでした。北海道に移住したいわけではないので、とりあえず毎日の仕事を頑張るくらいです。

しかし、そんな僕の妄想ですら、お金が増えてくることで、少しずつリアルな目標に変わっていき、さらには具体的な計画（予定）へと変化をとげていきました。

僕がやりたいことにはいくらかかるか？
仕事はどうすればいいか？
どんな方法があって、その段取りはどうしたらいいか？
一部できないことがあるとしたら、どんな代替案があるか？

短期間、北海道や沖縄で暮らすといっても、僕が勤めているのはバカンス用の長期休暇制度があるような外資系企業ではありません。たとえ自分の保有している有給休暇の残日数があったとしても、上司に対して「夏は北海道で過ごしたいので、長期休暇がほしいです」とはそうそう言えません（言える人もいるのかもしれませんが、僕は臆病者なのです）。

でも、給料以外でも増えていくようになったお金が、僕にほんの少しの勇気をくれます。仕事の調整をした上で、上司に長期休暇の相談をする時も、「最悪、長期休暇を取得することが理由で会社をクビになっても生活に困るわけではない」と思えるようになったことは、僕にとってはものすごい変化でした。

叶えたい夢は、まだまだたくさん出てきます。

・WBCの世界大会でメジャーリーガーVS侍JAPANを全試合生で観戦したい（米国旅行含む）
・「令和の怪物」が出てくる度に、夏の甲子園のアルプススタンドで、かち割り氷を食べながら毎試合応援したい

・自宅にシアタールームを作りたい
・自宅のお風呂を打たせ湯にしたい
・夫婦で悠々自適なペンション経営をしたい

最初は全て夢物語でしかありませんでしたが、**お金が増えてくると、徐々に、そして確実に夢は目標になり、そして具体的な計画（予定）になっていきます。**

今は夢や妄想でも大丈夫。

でも、お金が増えてくるとそれらの夢や妄想は具現化できるということを是非知っておいてください。

お金の棚おろし――お金の不安を抱えている人が今からできること

今、お金について漠然とした不安を持っている全ての人にやってもらいたいことを書きます。

多くの人にとって、お金の不安を想像するのは、ちょっとしたきっかけにすぎません。

給与明細をもらった時だったり、給料日前に生活がカツカツになったり、クレジットカードの明細を見た時だったり、なんとなく通勤中だったり、子どもの進学について考えている時だったり……。

しかし、不安はあってもそれは漠然とした不安でしかないし、浮かんでは消えていくシャボン玉のようなものです。

「将来不安だなぁ〜……」

「でも、なにしていいかわからないしなぁ……」

←

←

←

←

「さてと、お腹空いたし、ごはんでも食べるか」みたいな。

ご飯を食べても、未来の不安は拭えません。でも、その不安を払拭したいという気持ちも本当だと思います。

そのように考えているのであれば、是非トライしてほしいことがあります。

それは、自分のお金を一度全部棚おろしして整理してみるということ。

ここから目を背けては、具体的なアクションに繋げる原動力は出てきません。まずは自分のお金と真剣に向き合ってみてください。

準備してほしいもの

・自分（パートナー含む）名義の貯金通帳
・過去3～5年間の収入の推移がわかるもの（給与明細でも源泉徴収票でも可）

それから、自分のお金と向き合う日を1日作ってみてください。

どうせなら週末の休みの日ではなく、有給休暇をとって1日をそのために使ってもいいと思います。パートナーと休みを合わせるのもいいでしょう。

普段からお金のために働いているんです。未来のお金のためなのだから、普段働いている時間に、働いているのと同じ感覚で自分のお金についてしっかり考えてみてもいいのではないでしょうか。

準備物がそろって、お金と向き合う1日が用意できたらすべきこと。

それは、過去の給与収入と自分の資産状況の推移を見て、今後の推移をじっくり予想すること。

・収入は500万円以下で安定していませんか？
・残業代やボーナスに左右される収入になっていませんか？
・資産は1000万円以下で安定していませんか？

ちなみに2013年以降、5年間くらいは、アベノミクスで日本の景気はいい時期だったといわれてきましたが、今後はどうなるかわかりません。

結婚、出産、引っ越し、マイホームの購入、子どもの進学、親の介護、子どもの結婚、自分たちの老後など、これからもお金がかかってくる人生のイベントは目白押しです。これらの一般的なイベントだけでなく、自分が人生で叶えたい夢もしっかり想像してくださいね。

収入と資産の今後の推移について、しっかりと時間を掛けて考えることができれば、行動だって変わるかもしれません。

・収入はこれから増えそうか？　←
・今後、年間どのくらいのペースで資産は増えていきそうか？　←
・ここ最近、大きなイベントでお金をいくら使ったか？　←
・今後のライフイベントでどのくらいのお金が必要か？　←
・固定費（住居、携帯、保険、電気・ガス、子どもの習い事など）は、それぞれ毎月いくらで年間いくらかかっているか？　←
・カットできる固定費は何があるか？　そのためにはどうすべきか？　←
・口座やクレジットカードの支払いが分かれていて管理しにくいのなら、一つにまとめた方がいいのではないか？

平日であれば、銀行も、証券会社も、携帯電話ショップも、保険屋も、電気・ガス・インターネット回線の電話窓口も、どこにでも問い合わせすることが可能なはずです。役所だって開いているので、住民票などの手続きに必要な書類をすぐ入手することだって可能です。

もしも、ある契約を中途解約したいと思った場合、違約金がかかることもあるかもしれませんが、それでも僕はすぐに行動に移すことをおすすめします。先延ばしにすればするほど、せっかくお金と真剣に向き合ったことで発生した行動意欲は失われていき、やがては「できなかった後悔」に変わってしまうからです。


このお金の棚おろしは、成人している社会人で一度も家計簿をつけたことがない、インフラの契約は用意されたものを使っている、という人には効果てきめんです。

普段、仕事に振り向けているエネルギーを、たまには自分の資産管理に振り向けてみましょう。会社ほど複雑でもなく、会議も通さずにすぐ改善できるので、すっきり感があるはずです。

残念ながら、僕は自分が経験してきたことをみなさんにお伝えすることしかできません。だから、本書においては、給与収入をあげる方法については一切記載していません。

そして、僕が知っている未来のお金の不安に対してできることは、**固定費はしっかり抑えて、余ったお金は銀行ではなく世界経済に預けるということだけです。あとはルールさえ守れば、時間が勝手に不安を解決してくれると思っています。**

そのためにも、是非、みなさんにはまずはお金と真剣に向き合ってほしいと思います。一度でいいので、じっくり時間をかけて向き合ってみてくださいね。

世界経済にお金を預けるリスクとは

さて、これまで一貫してお伝えしてきた、固定費を削って世界経済にお金を預けるという行為。しかし、毎月余ったお金のほぼ全額を、銀行預金ではなく証券会社の投資信託に預けるということに拒否反応を示す人も多いはずです。

なぜなら、投資信託には元本保証がない。つまり預けたお金が減るかもしれないリスクがあるから、頭では増えるかもしれないと思えたとしても、怖くて全額預けることができないからです。

世界経済にお金を預けることのリスクに関して、投資信託の説明書には、株価変動リスク、為替変動リスク、金利変動リスク、信用リスク、カントリーリスク、流動性リスクなどの言葉が小難しく書いてあります。

でも、どうなのでしょうか？

株価変動といっても、世界経済が破綻するなんてことがあるのでしょうか？（自分の会社の業績が大幅に悪化する可能性の方が高いのでは？）

為替変動といっても、世界中でもっとも取引量の多い米国ドルの価値がゼロになることがあるのでしょうか？（日本円の方が心配です）

金利変動といっても、世界中の国が借金した時に発行する債券の金利が全てマイナスになることも想像できません。

他のリスクも同様です。

どういうリスクがあるかを知ることは大切なことだと思いますが、僕にはそこまで世界経済を悲観するつもりはありません。

値下がることはあっても、価値がゼロになることはありえない。

そして値下がっている時はバーゲン・セール中。ずっと購入し続けているのであれば、いつか値上がる時がくるのです。

僕は世界経済にお金を預けることで、預けたお金が4倍以上になる未来は想像できますが、4分の1になる未来は考えられません。毎月少しずつ期間も分散して預けているので、最悪でも預けたお金が2分の1より少なくなることは想像すらしていません。つまり仮に**1000万円預けたとして、4000万円以上になる未来は予想できますが、500万円以下になる未来はまったく想像できない**のです。

リスクとリターンで見たら、リスクはマイナス500万円より小さく、リターンはプラス3000万円以上。

さらにいうと、世界経済に預けたお金にとって、2分の1になってしまうような大きなマイナス変化がある可能性よりも、世界の景気が良くなっても、日本で暮らしている限り自分の給料には反映されず、物価だけ上がっていき、出費が増えていく可能性の方が高いと思っています。

銀行預金は、数字上は減ることはないかもしれませんが、物価が高騰するというインフレリスクには対応できません。つまり、お金の預け先において、ノーリスクはどこにもないとも言えます。

大切なのは、最低限の知識を身に付けてリスクとリターンを把握すること。だから僕は、自分の給料の余りのほぼ全額を世界経済に預けることに、躊躇は一切ありません。

「今」という時代を生きることができてよかった

みなさんは、「今」という時代を生きていてどのように感じますか？

・給料は上がらない
・増え続ける税金
・年功序列、終身雇用制度の崩壊
・年金受給年齢の引き上げ

お金に関してみると、先行きの見えない不安な時代だといわれています。

でも、僕はこの時代に生まれたことをとても幸運に思っています。

仮に僕が団塊の世代といわれる高度成長期に生まれていたとしても、僕の能力はたいして変わらないので、給料の大幅アップは見込めません。仮に給料が上がっていったとしても、「リゲイン」を飲みながら「24時間戦えますか？」モードで朝まで仕事したり、バブルだからといって毎日のようにディスコに繰り出すのは、僕の性格上、向いていないことは自分でもわかっています。

バブルが弾けて、「失われた10年」とか「20年」とかを経たデフレマインドの日本で育ったからこそ、それなりの節約意識を育むことができたのです。

そして、2000年以降のITの発達によって、世界経済にお金を預けることが銀行に預金するのと同じくらいの感覚でできるようになったことも、非常にありがたいことだと感じています。

もしも、毎月の給料日に手渡しで給料を渡されて、その後現金を持って証券会社の窓口に行かなければ、世界経済にお金を預けることができないとしたら、僕は投資信託の積立運用を続けることができなかったでしょう。

そして何よりも幸運なのは、2000年から2050年という世界の人口が増え続けている時代に、人生の大半を過ごすことができているということです。バブル時代を経験したかったという人もいるかもしれませんが、世界の歴史上、バブル経済は何十年も続きません。つまりバブルを経験するということは、同時に崩壊も経験しなければいけないのです。

でも人口は違います。2050年までは増え続けるというのは、ほぼ約束されているのです（かなり先の未来なので数年の誤差はあるかもしれませんが、２０５０年以降は世界の人口は減少するといわれています）。

先行きの見えないお金に対する不安は、ＩＴの発達と人口増加という「今」という時代だからこそ、能力に関係なく解決できるのだと思ってしまいます。

では、生活においてはどうでしょう？

僕のバイブルである『ONE PIECE』を始め、『ドラゴンボール』、『スラムダンク』などを楽しみながら青春時代を過ごせたことは、なんと幸運なことでしょうか。

しかも今では、インターネット、宅配レンタル、ＤＶＤ購入など、様々な方法で好きな時に何度でも視聴することができるのです。

テレビは薄型液晶になり、４Ｋや８Ｋという高画質で楽しめるようになりました。電子レンジはもはや温めるだけではなく、カロリーカットや揚げ物調理までできるようになっています。洗濯機は全自動になり、機種によっては洗濯物を干すという行為すら必要なくなりました。美味しいレシピを検索しようと思えば、「クックパッド」のつくれぽを参考にすればいいし、美味しいものを食べようと思えば「食べログ」がお店を教えてくれます。

夏の暑い時期でも、冬の寒い時期でも冷暖房機能が整った部屋で過ごすことができ、こたつでみかんを食べることもできるのです（僕の最高のぜいたくは、冬にこたつでハーゲンダッツを食べること）。

スマートフォンを持ち歩けば、いつでもどこでも誰とでも気軽に会えたり連絡を取り合うこともできます。

しかも、これらの便利な機能は、一部の富裕層など、限られた人だけが堪能できるものではありません。毎月10万円で生活していた僕でも実感できたことなので、今を生きるほぼ全ての人がこの恩恵にあずかっているのではないでしょうか。

そういう意味で考えると、資産、収入、情報、生活という格差は「今」という時代がほとんど全て解決してくれていると僕には思えてしまうのです。

タイムイズマネーのもう一つの意味

僕がなぜ、毎月10万円もの大金を積立運用したか。それは、冒頭で説明したように30年で３６００万円を積立てることができたら億万長者になれる可能性が高いと思ったことも確かですが、何よりもお金が増えているという感覚をより大きく実感したいと思ったからです。

本来、投資をするなら余剰資金だけでするべきだし、最悪のケースとして、なくなってもいい金額だけで行うという教えもあります。でも、それを踏まえて、もし仮に社会人1年目から毎月2万円ずつ、1年間で24万円、僕が交通事故に遭った時点の6年間で144万円を積み立てていたとして、それが2倍以上の300万円になっていたとしても、僕の人生は好転しなかったと思います。

あの時点で積立てた800万円が2200万円もの大金に膨れ上がっていたからこそ、さらに色んなことにチャレンジできたし、失敗しても勉強できたと割り切ることができたのだと思います。

給料がたとえ手取り22万円だとしても、それを継続して得られることはとても大きな財産です。給料をあげる能力が低くても、安定的な給料をもらえているのであれば、それはあなたの一つの価値でもあります。

僕が伝えているこの方法（投資信託の積立運用）は、僕にしかできない方法ではありません。2007年から始めたから成功しているわけでもありません。

世界的に人口が増え続けている「今」を生きている人なら、誰でも、いつからでも、できる投資法です。

投資のセンスがない人でもできる、長期間という「時間」を味方につけた必勝法。

人生100年時代といわれる、昨今。
自分には遅いということは決してありません。

すぐに億万長者になれる方法なんて存在しない

さて、少し駆け足だったかもしれませんが、33歳で手取り22万円の僕が1億円を貯められた理由について、僕の人生を振り返りながらお伝えさせていただきましたが、いかがでしたでしょうか。

何度もいいますが、第3章でお伝えしている不動産投資に関しては、決してみなさんに真似してほしいわけではありません。真似してほしいのは第2章の投資信託の「4つの壁」の内容だけで、それこそ多くの人が、一番確率高く億万長者になれる方法だと信じて疑いません。

では、投資信託以外の内容は単なる自己満足かといったらそうではありません。「短期間で誰でも億万長者になれる方法」というのは存在しない、ということを知ってほしかったのです。

僕は仕事をしていなかった2年半の間、無限のようにあった時間を利用して、人生を本気で変えたいと思い、様々な投資にチャレンジしましたが、資産を増やすことはできませんでした。

その期間、ずっと働いてなかったんですよ！

本気だったんですよ！

何百時間もの時間をかけて勉強し、セミナーに参加したり、たくさんの書籍も購入したりしたんですよ！

それでも、やっぱり導かれた答えは、運、能力、努力、適性のいずれかが秀でていなければ、短期間で億万長者になることはできないということでした。

投資のセンスがあったり、給料をあげる能力があったり、現状を変える力を持っている人であればいいですが、そうでなければサラリーマンとして定年まで勤めあげたのに、今の団塊世代の人たち以上に老後破産のリスクがあるのが、僕たち現役世代の宿命なのです。

一生懸命働いているにもかかわらず！　です。

だからこそ僕は、僕と同じように給料が増えずにお金の悩みを抱えている人に、少しでも人生をいい方向に変えてほしくて、この書籍を書こうと決断しました。

でも、いい方向に変えるためには、ただ読んでもらうだけではなく、行動してもらわなければいけません。投資をしたことのない人が投資をするってすごくパワーが必要なことなんだとも思います。

世の中には怪しい投資話がゴロゴロしてるし、何が正解で何が不正解かもわからないのに、自分のお金が減るかもしれないなんて、そんなことしたくないですよね。

銀行に預けておけば自分のお金が減ることはないのに、証券口座に入金して、現金ではなく金融商品として財産を持つというのは、必要に迫られないのであれば、あえてやる必要はないのかもしれません。でも、給料が右肩上がりで増えないのであれば、いつまでたっても資産は増えないし、5年後も10年後も今と同じか、もっと大きなお金の悩みを抱えてしまう可能性は充分にあります。

だから、誰でもできる一番確率の高い方法を多くの人に知ってほしかった。

でも一方でこんな考えもあります。

会ったこともない、どんな人かも知らない、有名でもない、ダメリーマンの僕が、「しっかり理解しなくてもいいから、とりあえずこの投資信託を買ってみれば？」と伝えるのは、いかがなものか。

だって、経済がどうなるかなんて、専門家にだって誰もわからないのだし、僕が推奨した投資信託が今後どうなるかということに対しても、僕自身は、なんの責任も負えないのです。

それなのに、僕を信じて託してくれた人の人生に、大きく影響するかもしれないというのは、正直とても危険なことをしているという感覚もあります。

僕は、今まで身近な何人かに投資信託について相談されましたが、「この商品を購入しなよ」ということは伝えていませんでした。簡単な考え方や投資信託の仕組みなんかを伝えるだけで、それ以上は、やはり責任を負うのが怖かったからだと思います。

しかしそれだけでは、投資に対して抵抗感がある人が、実際に投資信託を購入するというアクションまで取るのはとてつもなく難しい、と感じることが何度もありました。

この書籍でも、今までと同じように伝えるだけだと、結局「4つの壁」に阻まれてしまうかもしれない。それなら自分がこの書籍を書く意味がない！　誰にでも真似できる方法を伝えて、まずは行動に移してもらうこと。

それだけを意識して書き続けてきたつもりです。

実践するだけなら、この本を読んだだけで実行できるように書いたつもりですが、もっと理解したいという方は、ネットの検索や他の投資信託の参考書で身に付けることができると思います。

そして今後、世界経済に何があっても、僕はみなさんに警報を鳴らすことも、責任を取ることもできないのですが、僕自身も世界経済に分散投資する投資信託を毎月購入し続けていますし、今後も毎月10分だけ続けている「3つのルール」に従って、積立をやめることはまずないでしょう。

僕を信じて、世界経済への分散投資に、自分の未来を信じて託してくれた人とは、世界経済が不景気な時は、投資信託を割安で購入できているとワクワクし、世界経済が好景気な時は、自分の資産が増えていくことにドキドキする気分を一緒に味わいながら、30年後に運用資金が4倍になることを夢見ていきたいと思います。

これが投資家ではなく節約家として、33歳で手取り22万円だけど、(総資産) 1億円貯めた僕からお伝えできる全てです。

この書籍を手に取り、読んでいただいたことが、みなさんがこれからの人生をいい方向に進めていただく上で、少しでも何かのキッカケになれば、こんなに嬉しいことはありません。

おわりに

僕は平凡なサラリーマンです。

そんな僕が、億万長者になれるかもしれない大発見をした大学時代。

あることをコツコツ続けていたら6年後から資産が爆発的に増えていって、結婚もして順風満帆な生活を送れると思った矢先に遭った交通事故。様々な投資に手を出しては失敗を繰り返しながら、迷走していた2年以上の歳月。僕に投資のセンスはないのだと思い知らされました。

しかし、無職の時、ハローワークを通じて知り合った友人に紹介されたある本。本の著者が代表をつとめるファイナンシャルアカデミーで不動産の勉強をして、そのおかげで節約マイホームを購入し、住居費に関する不安をなくすことができました。

縁があって、実は、今ではファイナンシャルアカデミーの社員として働いています。

人生は本当に色々なことがありますが、多くの人との出会いがなければこのような結果にはなっていなかったかもしれません。

本書の出版に際しても、本当に多くの方のご協力をいただきました。

cakesの連載をサポートしていただいた永井さん、埋もれかけた僕の拙い原稿の価値を見出していただき、出版までのサポートをしてくださった新潮社編集部葛岡さん、武政さん、川端さん、金川さんをはじめとするみなさん、温かく応援してくれたファイナンシャルアカデミー社員のみなさん、そして何より、「いつか書籍を出版したい」という僕の夢を許してくれた僕の妻、本書の出版に携わってくれたみなさんに心から感謝いたします。

拙い文章ではあったと思いますが、最後まで読んでいただいて、本当にありがとうございました。

企画協力／永井肇

初出：ｃａｋｅｓ
２０１８年1月8日〜２０１８年8月7日配信
連載時の原稿に大幅に加筆修正をしました

33歳《さい》で手《て》取《ど》り22万円《まんえん》の僕《ぼく》が 1億円《おくえん》を貯《た》められた理由《りゆう》

発　行　2020年3月25日
11　刷　2022年12月20日

著　者　井上《いのうえ》はじめ

発行者　佐藤隆信
発行所　株式会社新潮社
〒162-8711　東京都新宿区矢来町71
電話　編集部　03-3266-5550
読者係　03-3266-5111
https://www.shinchosha.co.jp

印刷所　株式会社光邦
製本所　株式会社大進堂

ISBN 978-4-10-353281-1 C0030

ようかん　虎屋文庫

こんなに美しく奥深かったとは。この一冊でようかんのすべてが、５００年の歴史を持つ虎屋が、わかる——圧巻の「ようかん全史」やカラー48頁、類書なしの決定保存版！

お寺の掲示板　江田智昭

「おまえも死ぬぞ」「ＮＯご先祖、ＮＯ ＬＩＦＥ」「ばれているぜ」……お寺の門前に掲げられた標語をセレクト。お坊さんが考え抜いた、人生のヒントがここにある！

生態写真集　キタリス　竹田津実

〝森の獣医さん〟と退院した〝元患〟のリスの間に生まれた不思議な友情……北の森に生きるリスたちの愛らしくもたくましい野生の姿を十余年にわたって撮影した観察記。

大家さんと僕　これから　矢部太郎

季節はめぐり、楽しかった日々に少しの翳りが見えてきた。別れが近づくなかで僕は……。日本中がほっこりしたベストセラー漫画の続編。涙と感動の物語、堂々完結。

マンガで読む　子育てのお金まるっとＢＯＯＫ　フクチマミ　大竹のり子 監修

子どもの教育費から老後資金まで……子育て家庭が抱えるお金の不安を、この1冊でまるっと解決！　投資のヒントも満載、これ1冊でお金に強くなれる、実用マンガ。

もうすぐいなくなります　絶滅の生物学　池田清彦

地球上に現れた生物の99％はすでに絶滅。人類はいつ絶滅する？　そのあとは牛の天下⁉　「種」や「系統」にも寿命がある……？　生命と進化の謎を解く一冊。